雄山閣出版案内

別冊・季刊考古学24
古代倭国北縁の軋轢と交流
―入の沢遺跡で何が起きたか―

B5判 135頁　本体2,600円

辻 秀人 編

最近発掘され注目を集めている、古墳時代前期の入の沢遺跡の調査成果から、古墳文化と続縄文文化の境界の様相を考える。緩やかな交流関係とは異なる、軋轢の様相が浮かび上がり、一様ではなかった北縁の状況がわかってきた。シンポジウムの成果をまとめる。

■ 主 な 内 容 ■

序　文……………………………辻　秀人
第1章　入の沢遺跡を知る
　入の沢遺跡の調査成果……………村上裕次
　銅鏡から見た入の沢遺跡と東北の古墳時代
　………………………………森下章司
　玉類の流通から見た古墳時代前期の東北地方
　………………………………大賀克彦
第2章　古墳時代社会のなかに
　　　　入の沢遺跡を位置付ける
　古墳時代前期の倭国北縁の社会
　―宮城県北部の様相―………髙橋誠明

「入の沢遺跡」の頃の東北北部社会
　………………………………八木光則
東北地方の古墳時代の始まり……辻　秀人
ヤマト王権の動向と東北の古墳時代社会
　………………………………和田晴吾
第3章　討論　入の沢遺跡で何が起きたのか
　司　会：辻　秀人
　パネラー：和田晴吾・八木光則・髙橋誠明・
　　　　　　大賀克彦・森下章司・村上裕次

別冊・季刊考古学23
アジアの戦争遺跡と活用

本体2,600円

菊池 実・菊池誠一 編

次世代に戦争体験をどのように伝えていくのか。日本を含むアジア諸地域における戦争遺跡の調査と保存・活用の現状を伝え、戦後70周年の節目に改めて戦争遺跡の保存と活用について考える。

■ 主 な 内 容 ■

アジアの戦争遺跡調査と保存の現状………菊池　実・菊池誠一
第Ⅰ章　日本の戦争遺跡とその活用
　茨城県内の戦争遺跡調査とその活用……………伊藤純郎
　調布飛行場周辺の戦争遺跡の保存と活用………金井安子
　陸軍登戸研究所の調査とその活用………………山田　朗
　愛知県の戦争遺跡調査―本土決戦陣地調査の新たな展開―伊藤厚史
　京都の戦争遺跡調査とその活用…………帖地真穂・木立雅朗
　四国地方の戦争遺跡調査とその活用……………出原恵三
　鹿児島　本土最南端の戦跡群―知覧飛行場跡の
　　三角兵舎群・掩体壕跡の調査とその活用―………上田　耕
　沖縄県の戦争遺跡調査とその課題―沖縄県戦争
　遺跡詳細分布調査以降の動向から読み解く―………山本正昭
　慰霊の考古学………………………………………時枝　務
第Ⅱ章　東アジア・太平洋諸島の戦争遺跡とその活用
　中国に残る日本の戦争遺跡とその活用……………歩　平
　韓国に残る日本の戦争遺跡とその活用……………辛珠柏
　台湾の戦争遺跡の現状とその活用…………………趙金勇

太平洋諸島に残る戦争遺跡とその活用
　―遺骨収集問題について―………………楢崎修一郎
第Ⅲ章　東南アジアの戦争遺跡とその活用
　日本・フランス共同支配下におけるベトナム……Vo Minh Vu
　ベトナムの戦争遺跡とその活用………菊池（阿部）百里子
　カンボジアの戦争遺跡とその活用…………………丸井雅子
　インドネシアの戦争遺跡とその活用………………坂井　隆
　フィリピンの戦争遺跡とその活用…………………田中和彦
【コラム】日本の戦争遺跡
　北海道の戦争遺跡　室　蘭………………………工藤洋三
　青森県の戦争遺跡　旧陸軍山田野演習場…………稲垣森太
　長野県の戦争遺跡　松代大本営地下壕群…………幅　国洋
　山口県の戦争遺跡　周　南………………………工藤洋三
　沖縄県の戦争遺跡　北山の陣地壕跡群……………瀬戸哲也
　沖縄県の戦争遺跡　留魂壕………………………新垣　力
【コラム】アジアの戦争遺跡
　フィリピンの戦争遺跡　コレヒドール島…………深山絵実梨
　タイ・ミャンマーの戦争遺跡　泰緬鉄道…………坂井　隆

季刊考古学・別冊25

「亀ヶ岡文化」論の再構築　目次

亀ヶ岡文化論の再構築 ……………………鈴木克彦 11
縄文・弥生文化移行期の社会変動 ………藤尾慎一郎 21

第Ⅰ章　北日本の縄文晩期（亀ヶ岡文化）を俯瞰する

亀ヶ岡式土器とその年代観 ………………小林圭一 28
東北・晩期の集落構成 ……………………小林圭一 36
安行文化の解体と亀ヶ岡文化 ……………鈴木加津子 43
北陸の縄文晩期社会と社会組織
　　―掘立柱建物集落の形成とクリ材利用からの視点― … 荒川隆史 49
北海道の縄文晩期社会の特質
　　―道内地域差と遺構，遺物の文化― ……………澤田恭平 55
大洞A・A′式土器研究の現状と課題 …………大坂　拓 61
聖山式とタンネトウL式 ……………………土肥研晶 65
東北「遠賀川系土器」の拡散と亀ヶ岡文化の解体
　　…………………………………………齋藤瑞穂 71

第Ⅱ章　晩期・亀ヶ岡文化の特質―晩期とその直後―

東北晩期の円形大型住居と社会組織 …………… 武藤康弘 77

亀ヶ岡文化の社会構造 …………………………… 鈴木克彦 84

亀ヶ岡文化・非階級社会の葬墓制
　―土坑墓群と多副葬遺物― ………………………… 岡本　洋 90

縄文から続縄文・弥生への移行期における葬送と社会
　………………………………………………………… 相原淳一 96

縄文晩期・変革期の亀ヶ岡文化における
遠隔広域交流の意義 …………………………… 鈴木克彦 102

亀ヶ岡文化の土偶にみる宗教構造の変化………… 佐藤嘉広 108

東北南部弥生初頭の青木畑式土器の意義………… 木本元治 114

大洞A'式と砂沢式土器………………………………… 木村　高 120

■表紙写真■彩文漆塗り浅鉢形土器（青森県立郷土館所蔵風韻堂コレクション），
　彩文朱漆塗り壺形土器（個人蔵），原遺跡大洞A式壺形土器（個人蔵）

雄山閣出版案内

縄文の奇跡！ 東名(ひがしみょう)遺跡
歴史をぬりかえた縄文のタイムカプセル

佐賀市教育委員会 編

A5判　279頁
本体2,600円

有明海に沈んだまぼろしの縄文文化
8,000年前の日本には、すでに
豊かな物質文化と精神文化が存在した！

■ 主 な 内 容 ■

第1章　日本最古！最多！縄文バスケット
第2章　激変する環境を生きぬいた縄文人
第3章　縄文人の食生活
第4章　縄文人のものづくり
第5章　縄文人の外見と内面
第6章　歴史の中の東名遺跡
第7章　東名遺跡を理解する
付録　ぶっちゃけ東名トーク

縄紋時代早期
押型紋土器の広域編年研究

岡本東三 著

B5判　360頁
本体14,000円

・回転施紋の押型紋土器から新たな描線施紋を獲得した沈線紋土器の出現によって、美術的にも装飾性が高い多様な縄紋土器に発展する。
・文様の「互換性」をキーワードにして地域間における同時代性を把握し、押型紋土器を軸とした縄紋時代早期の編年を構築。
・日本列島における地域間交流・交易や地域集団の動向をとおして、縄紋社会の構造と特質を明らかにする。

■ 主 な 内 容 ■

序　章
第1章　東北の押型紋土器―北の日計式土器―
第2章　関東の押型紋土器―異系統としての押型紋土器―
第3章　中部の押型紋土器―樋沢式土器・細久保式土器―
第4章　西日本の前半期押型紋土器 その1―大鼻式土器・大川式土器―
第5章　西日本の前半期押型紋土器 その2―神宮寺式土器・桐山和田式土器―
第6章　西日本の前半期押型紋土器 その3―北白川廃寺下層式土器―
第7章　西日本の後半期押型紋土器―黄島式土器・高山寺式土器―
第8章　九州島の押型紋土器―押型紋土器と円筒形貝殻紋土器―
第9章　押型紋土器の終焉―手向山式土器と穂谷・相木式土器―
終　章　総括と展望

亀ヶ岡文化の遺物と九年橋形式の文様

構成／鈴木克彦

亀ヶ岡文化の優品遺物

写真提供／青森県立郷土館蔵・風韻堂コレクション

亀ヶ岡文化にクリエイティブな多種多様な遺物が作られ，どれもが優れ機能性を超え造形，文様が芸術的である。背景に信仰を大事にする生活，文化があったと思う。

大洞BC式遮光器土偶

大洞B式朱彩注口土器

大洞A式研磨壺形土器

九年橋形式の文様（すべて九年橋遺跡）

撮影／鈴木克彦
所蔵元／北上市埋蔵文化財センター

亀ヶ岡文化，亀ヶ岡式土器は，佐賀県菜畑遺跡と略同時期の大洞C2，A式の段階から大きく変わる。亀ヶ岡式の系譜にない文様の九年橋形式が，それを証明する。その意義は，亀ヶ岡文化，亀ヶ岡式の終焉と再生である。

①鋸歯状文：大洞C2新式　②③鋸歯状区画文・幾何的区画文：大洞A式　④〜⑦矩形文：大洞C2新〜A式古
⑧〜⑪矢羽状文：大洞A式　⑫対向6字文：大洞C2新〜A式

福岡市雀居遺跡の弥生早・前期,遠賀川式土器

撮影／鈴木克彦　所蔵元／福岡市埋蔵文化財センター

東北遠賀川系のルーツ・本場の遠賀川式土器。雀居遺跡では大洞C2式新の亀ヶ岡式土器が伴い,それらに複合的な要素の九年橋形式が関連する。

夜臼式　　　　　　　　　　　　　　突帯文が付く弥生的な板付1式

縄文晩期の集落跡

構成／岡本　洋
写真・図面提供／青森県埋蔵文化財調査センター

青森県川原平(1)遺跡

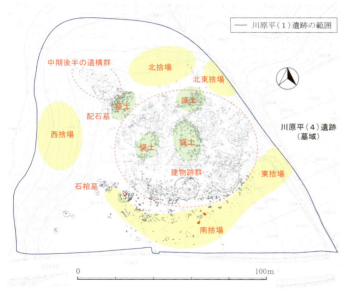

川原平(1)遺跡は青森県南西部の岩木川上流域に位置する。縄文時代晩期を主体とする集落跡で,平坦地を居住域とし,その周囲が廃棄域(捨て場)である。西捨場は堆積層の厚さが2mを超える大規模なもので,晩期前半が主体である。湧水によって遺物の保存状態が良く,漆製品や木製品が多数出土した。晩期後半の廃棄域は一部で盛土を形成する。

墓域は居住域や廃棄域とは別に設けられ,時期によって地点を変えている。また,石棺墓,配石墓,土坑墓など形態も多様である。SQ21は晩期前葉の配石墓で,日時計状の配石の下部に土坑を伴い,土坑内で緑色凝灰岩製の玉が多数出土した。晩期中葉から後葉の墓域は,居住域から100mほど東の川原平(4)遺跡にあり,200基近くの土坑墓が発見された。

上：集落構成の概念図（S＝1/2000）　下：川原平(1)遺跡と川原平(4)遺跡にまたがる晩期集落（上方が北）

直径が10mを超える晩期後半の竪穴建物跡

遺跡全景（北西から）

日時計状の石組をもつ晩期前葉の配石墓（上方がSQ21）

SQ21の玉出土状況

廃棄層が積み上げられた晩期後半の盛土

晩期初頭の人面付注口土器（南捨場）

北海道　亀ヶ岡文化期の装身具の出土例

構成／柳瀬由佳　写真提供／北海道立埋蔵文化財センター

両遺跡は北海道恵庭市，新千歳空港の北西16kmに位置し，西島松3遺跡を挟んで隣接する。

西島松5遺跡では縄文時代後期後葉～晩期前葉の，西島松2遺跡では晩期後葉の墓群が検出された。いずれの時期も副葬品は豊富で，土器は坑口付近から，石器や装身具は坑底から出土する傾向がある。土器は注口・小型・ミニチュアが主体。玉類は，後期後葉～晩期前葉の西島松5遺跡では副葬例が多く，丸玉・平玉・勾玉・垂飾など形態が多様で，多数が連なった状態の出土例も目立つ。一方，晩期後葉の西島松2遺跡では副葬例・出土数とも減少し，形態は丸玉・平玉のみである。石材はどちらも，橄欖岩・蛇紋岩起源の「緑泥石岩」が主体である。

西島松2遺跡

西島松2遺跡土坑墓・土坑群

西島松2遺跡では，土坑墓39基とともに，土坑約800基が検出されている。一方で，同時期の住居跡は遺跡内にはみられない。類例は，千歳市ママチ遺跡・梅川4遺跡，江別市7丁目沢6遺跡などでも知られ，石狩低地帯における晩期後葉の墓のあり方の一例を示している。梅川4遺跡では，土坑について二次葬墓の可能性が指摘されている。

西島松5遺跡

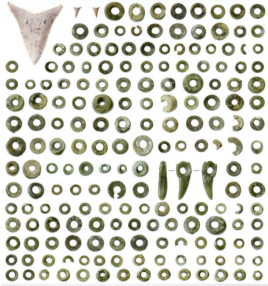

西島松2遺跡　土坑墓P1251と副葬品

西島松5遺跡　土坑墓P508と副葬品
大洞B1式並行期。

西島松2遺跡　土坑墓P1223副葬品
大洞A式並行のタンネトウL式期。玉はヒスイ製。

「亀ヶ岡文化」論の再構築

鈴木克彦 編

亀ヶ岡文化論の再構築

鈴木克彦

1 旧態な縄文晩期・亀ヶ岡文化観を再構築しよう

(1) 亀ヶ岡文化の特徴

東北地方の晩期の亀ヶ岡文化の特徴は、朱彩、漆塗り、薄手、精巧な注口形、壺形などの芸術的な亀ヶ岡式精製土器、信仰儀礼の遮光器土偶、岩偶、土版、岩版、石棒、石刀、優れた技術と工芸の翡翠玉、縄文琴、飾り弓、籃胎漆器などの多種多様な遺物と、環状列石、翡翠勾玉などの副葬品を伴う土坑墓群、遠隔な広域交流などにある[1]。

このようなクリエイティブな亀ヶ岡文化は、長い年代にわたる縄文時代の発展の到達点にあたる終焉の縄文文化である。また、弥生文化に移行する過渡期として、北日本が初めて国外に発する文明（弥生文化）の存在に間接的に接したパラダイム・シフトの時代である。

(2) 研究の座標軸―課題―

これまでの亀ヶ岡文化の研究は、土器型式編年や土偶などの遺物に関する研究に一定の成果をみる反面、集落などの共同体社会や住居、石器、食料などの生業や生活を復元する研究が少ない。集落に住む家族構成、親族集団や社会の仕組み、習俗文化の仕来り、集落と土坑墓の関係、社会組織、社会制度、社会構造、神観念、宗教観、宗教制度など、無形の文化を復元する研究は最も遅れている分野である。

亀ヶ岡文化の研究の座標軸は、遺物、遺構を通してその形成と発展の問題や縄文から弥生時代へ移行する時期の歴史認識について時空領域で考えることである。亀ヶ岡文化とは何か、それがどういう社会なのか、弥生へ向かう晩期とはどういう時代なのか、技術や信仰が発達する社会の無形の仕来りや世界観など、それらのことを地政学的に捉え亀ヶ岡文化の形成、発展、終焉を考える必要がある。20世紀に多大な発掘資料を得ている今こそ過去の研究を総括し、21世紀に相応しい展望を持って研究する必要がある。

一方、亀ヶ岡文化には矛盾点もある。亀ヶ岡式の装飾性が強い精製土器は約1割に過ぎず、多くは粗製土器である。有名な大型中空の遮光器土偶は、どの遺跡でも出土する訳でない。多種多様な遺物から亀ヶ岡文化は生活が豊かで文化の水準が高く呪術、信仰儀礼が支配した社会などと郷土史的に称えて解釈することが多いが、信仰儀礼遺物や工芸的に優れる水銀朱彩、漆工芸などはほかの地域にもみられる。信仰遺物が他地域に較べ多いのは事実だが、信仰が隆盛する背景に疫病、気候変化、災害、凶作などの社会不安も考えられる。遺物の内容が多種多様で出土量も多い反面、集落の数が少なく過疎で前代に較べて小規模である。住居、人口が少ない割に、死亡率が高いのか多数の土坑墓が群を成して作られる。それは、集落の墓というより複数集落の共同墓の可能性がある。墓に翡翠玉などの副葬品が多く出土するが、北海道と東北の秋田、青森県の日本海側に片寄り、同じ圏内でも東北の岩手、宮城、福島県の東部、南部に少なく、その意味も解明されていない。それらのように、文化や社会の裏には相反する陰と陽または正と負の要素があるもので、一方だけを取

り上げて評価，強調することは社会の本質を見失いかねない。

狩猟・漁労・採集の季節サイクルに依存する生業では，気象，気候に左右されやすく余剰を生み出す程の恒常的な生産力（蓄え）は期待できない。何故なら，東北は自然環境に恵まれているとしても，絶対的に冷涼地であり歴史的に自然災害も少なくなく食料不足に陥りやすい。動物の生肉や植物食は腐食し易く，乾燥，燻製だけが保存食の方法なので，一冬ごとに消費することが原則で蓄える必然性がない。また，現代でも山菜取りの名手は，来年のことを考え採り尽すことをしない。手当たり次第に採ると食料資源が枯渇するからである。それが自然界と同化して生きる持続可能な社会を維持する狩猟・採集社会の知恵，ルールであり，必要以上に獲る肉は疫病の発生源になる。狩猟社会で最も恐れられているのは疫病であり，それが民族誌の常識である。

(3) 旧態な亀ヶ岡文化観を変えよう

過去の研究に是正すべき点もある。例えば山内清男の大洞編年は地域差に応じ，せめて南と北に分けて再構築すべきだし，縄文時代の終末時期の考え方を未だに金科玉条にしてはならず，百年以上の研究史を持つ遮光器土偶の用途論に至っては思考が停止したような豊穣の御利益祈願説[2]に止まっている。亀ヶ岡社会の歴史像に関し，副葬品の多寡を富，富裕層と考え階層（事実上の階級）を意味するとか奴隷がいたという荒唐無稽な解釈は，サーヴィス[3]の言う首長制階層（級）化社会をはき違えた小説である（文献省略）。

亀ヶ岡文化について，前代（後期）からの継続で独自な文化と言えない[4]という認識不足や，土器は機能以上に華美にする必要性がなく簡素化することによって生じる余力を生産に向けず，生活や労働の主体を信仰や儀礼に置き狩猟・採集経済に依存し稲作弥生化への道程に遅れた停滞した地域，文化という評価[5]がある。しかし，晩期を後期の継続と見るか，弥生への道程と見るかによって観点が逆になる。前者の考え方は，どの時期にも当てはまり特徴を言い当てていない。また，弥生化に遅れた決定的な理由は信仰や儀礼を重視する体質にあるのでなく，稲作が朝鮮半島から北部九州に伝来したための遠隔な距離，冷涼地という地政学的リスクを負っているからである。

亀ヶ岡文化を特別視する名称に対し，秀逸さを強調する余り他地域の文化を相対的に過小評価する印象を与えはしないかという懐疑的な意見がある。これに一理あり，晩期の九州の黒色研磨土器や北陸，中部，関東の土器，文化も同じく優れている。最近では，亀ヶ岡文化を「究極の縄文文化」と絶賛し遺物を作る原行為が「遊び」にあるという見解[6]がある。これでは亀ヶ岡文化を正しく認識していると言えず，亀ヶ岡式土器，遮光器土偶などにみるクリエイティブな文化と認識するべきである。

亀ヶ岡社会は，国内全体と共にやがて弥生化の方向に向かう。背景に遠隔広域交流がある。そのほかにも様々な複合的要因があると思うが，狩猟・採集社会の矛盾を克服するために生産力と生活の安定と向上を図ろうとした形跡がある。弥生文化が受け入れ側の意思に反し北上して来たという解釈があるが，必然性がなく逆が考えられる。つまり，自然条件に左右される旧態社会から抜け出そうとし，異文化を受け入れ呼び込もうとしたと考える。晩期に，文化，生活，社会が変わったのは九州や西日本だけでない。質的内容に程度差があっても東北も北海道も変わった。否，国内全体が変わっているのである。

また，亀ヶ岡文化の終焉の裏に忘却されている問題に，当該期における弥生文化の伝来を否定し，単なる「縄文文化のままの狩猟生活の継続」と認識する北海道の続縄文文化の出自，形成の問題がある。続縄文文化は，突瘤文，縄線文などの在地的な要素，亀ヶ岡文化的，弥生文化的要素が

複合して形成された複合文化であると考える。

2 亀ヶ岡文化研究の再構築
　　―亀ヶ岡文化観を変える―

(1) 研究の新機軸―弥生時代の亀ヶ岡文化―

　亀ヶ岡文化を考える上で重要な問題は，文化的，歴史的な意義つまり亀ヶ岡文化の形成要因と縄文から弥生への移行期，変革期としての年代観，社会観，信仰観―亀ヶ岡文化観そして歴史認識である。それには，国内における人文地理学的な比較研究として，同時期の国内がどういう社会であったかを認識する必要がある。まず，次の仮説を提起する。

　A：亀ヶ岡式土器，亀ヶ岡文化は，大洞B式からC_2式の時期までである。
　B：大洞C_1，C_2式以後の亀ヶ岡文化，亀ヶ岡式土器の年代は，弥生時代である。
　C：亀ヶ岡文化は，シャマニズム社会である。

　そのほかに，亀ヶ岡文化の発展，遠隔広域交流（本誌別稿）や弥生文化の伝来，続縄文文化との関連性のこともあるが，それらは連繋している。

　上記A（亀ヶ岡式土器の概念）について，亀ヶ岡式は大洞B式からC_2式まで曲線的な入組み三叉文や磨消縄文を施文し，大洞A式以後は研磨と直線的な工字文，変形工字文が施文される。大洞B式からC_2式までの土器の様式を規準にすれば，大洞A式以後を亀ヶ岡式とする蓋然性や縄文土器とする理由も乏しい。砂沢式を弥生土器とするなら尚更である。

　縄文と弥生の時代区分に関し，大洞A'式と分離が難しい砂沢式はA'式の地域差[7]と考えられたように，型式学的にその間で時代を区分する蓋然性がない。文化の漸移性を区切るには水田など決定的な根拠が必要だが，文化の概念を論理的に説明することの方が大事である。何故なら，大洞A'式やそれ以前に籾痕や水田が発見される可能性があるからである。

　上記B（亀ヶ岡文化の年代）について，大洞B式からC_2式までが亀ヶ岡式すなわち晩期と考える（表1）。実年代上でも，弥生早，前期に平行する大洞C_1式以後は弥生時代ということになる。大洞C_2式後半からA式の土器に西日本の弥生前期の要素がみられ，大洞A式にガラス玉，A'式に遠賀川系土器が伴い，砂沢式とされる秋田市地蔵田遺跡の大洞A'式らしき土器に籾痕がみられ，その時期に，亀ヶ岡文化の諸相に変化が強く認められる。そして，砂沢式の弘前市砂沢遺跡で水田が検出されている。

　さらに，大洞C_2式後半の亀ヶ岡式土器が対極地の九州，福岡市雀居遺跡で弥生早期の夜臼Ⅱb式の遺構から出土し，東北に弥生前期の板付Ⅰ式の遠賀川式の影響を受けた土器が出土する。したがって，もはや汎日本的な視野で編年，年代や文化，歴史を比較して考える段階になっており，国立歴史民俗博物館の実年代（歴博年代）[8]を他山の石にすべきでない。

　上記Cについて，亀ヶ岡文化，縄文文化の宗教制度がシャマニズムである[9]と考える。亀ヶ岡文化の宗教を，アニミズムとか豊穣などの御利益を祈願する信仰と捉えているが，人々の精神，信仰生活はもっと高次で信念的な世界観，宗教観を持っていたと考えるべきである。科学と擬似科学の呪術が未分化の段階での信仰諸遺物の豊富さは信仰習俗に呪術が根を張っていることを物語り，シャマンの呪術行為は人々の心理に安寧をもたらすものであることは現代精神医学[10]とも矛盾しない。そういう形而上の宗教制度としてシャマニズムを認識する必要がある。

　亀ヶ岡文化が発展した主な要因は，専業的な玉作やシャマニズムのソダリティー（結社，ネットワーク・システム）[11]が機能したことと遠隔広域交流にある。大洞BC式頃に亀ヶ岡文化圏の人々が西に移動，移住し始めて遠隔広域交流のウェーブが起り，玉作結社の遠隔広域交流が異文化的な九州

玉を東・北日本にもたらす。

亀ヶ岡式は大洞C_2式を境に大きく変わり、大洞A式以後が弥生前期に平行する[12]。歴博年代では、大洞C_1式以後が弥生早期、前期に平行する。つまり、後半期が弥生時代の亀ヶ岡文化ということになる。

亀ヶ岡文化は、亀ヶ岡式土器・遮光器土偶の時代という認識が実態である。その両者が大洞C_2式の段階で変わる。亀ヶ岡式土器は、形制（器形、文様など）と種類組成が大洞A式から変わる。遮光器土偶は消失し、大洞A式から冠形土偶が作られる[13]。それらが同時に起っている。そのパラダイム・シフトを決定づけるのが、異文化の存在である。

（2）編年観と研究スキームの再構築

歴博年代に照合すると、晩期は大洞B式からC_1式前半頃までになる。しかし、東北では亀ヶ岡式と遮光器土偶の形制を考慮すると大洞C_2式まで下るとみるのが順当であり、そこまでが晩期つまり亀ヶ岡文化である。土偶、土版などに継続性もあり冠形土偶を弥生文化の土偶とみなすことはできず、それ以後は後期亀ヶ岡文化としてもよかろう。

歴博年代では、東北の弥生時代の開始が約500年九州より遅れ、晩期が約300年間になる。表1は、須藤隆[14]の所見や雀居遺跡の事例により九州編年と対比した。しかし、両極地の型式を対比するには未だ資料が少なく中間地域の型式とリングで繋ぐ作業が必要である。歴博年代には結果的に縄文文化の終末が西も東も大差ないという山内編年観を瓦解させ、階段編年なので時期区分の年代幅が地域により不揃いになる功罪がある。反面、絶対年代の導入は歴史学の基本なので、年代を数字で示す利点があり国民にも理解し易くなるが、型式の捉え方に齟齬があるなどの様々な問題がある。だからこそ実年代が必要と言える。型式無用論は採らず山内型式論を否定しないが、時代の趨勢に応じ編年観や亀ヶ岡文化研究も変わる必要がある。

縄文と弥生に跨る亀ヶ岡文化を象徴的に物語るのは、弥生早期に平行する亀ヶ岡式（大洞C_2式からA式）の型式内容の変化と地域差である。亀ヶ岡式が大洞A式から変容する契機は懸案であった。縄文を多用せず研磨手法、沈線文による矢羽状文、鋸歯状文、矩形文、工字文などが大洞C_2、A式に顕現する。それを体現するのが、本誌別稿に記す九年橋形式である。それ以後の大洞A、A'式、砂沢式、五所式などは弥生前期と考えてよく、大洞A'式から遠賀川系土器が出土することや大洞A'式と砂沢式と間で時代区分できないことも傍証になる。

3 縄文から弥生へ移行する変革期の亀ヶ岡文化

（1）亀ヶ岡文化の発展の背景

亀ヶ岡文化が形成、発展する背景に、前代（後期）社会から続く遠隔広域交流に伴い人々が広域に移動する社会環境が整い、国内の広域情報を共有し、玉作などの専門的な職能制に基づく技能集団や信仰上の宗教的シャマン、シャマニズム集団の結社が発達し、それらが亀ヶ岡文化の形成と発展に大きく寄与していると考える。すなわち、形成要因に社会制度として職能制のソダリティーとシャマニズムの高揚が考えられる。

そのほかに、間接的な要因として圏外事情の前代（後期後葉）に九州玉[15]が成立した後の弥生早期の佐賀県菜畑遺跡以前の九州での前弥生的異文化の伝来による社会情勢の変化が考えられる。後期後葉から晩期に九州西部に伝播した異質で新しい弥生文化に至る前弥生段階の過渡的な玉作文化（エンタシス形管玉などの九州玉）などである。異論がある[16]ものの、エンタシス形管玉は朝鮮半島の大陸系[17]と見るのが順当であり、九州玉の出自に朝鮮半島からの影響があると思われ、後に

弥生文化が伝来する伏線になっていると考える。エンタシス形管玉が北限の東北北部（秋田県能代市など）に伝播する大洞BC式頃は、玉作ネットワークにより東北が九州の異文化情報を間接的に得ている。九州に起りつつある社会変化が北日本などの合従連衡の結集を促し、九年橋形式が生成すると考える。黒船の到来が明治維新の引き金になったように、亀ヶ岡文化の発展の間接的な要因になっていると考える。

（2）亀ヶ岡式土器の形制変化と亀ヶ岡文化の終焉

亀ヶ岡文化の終焉 大洞C_2式からA式の形制変化を促すのは、大洞C_2式にみられる十字区画文、木葉文、弥生早期の矢羽文、鋸歯状文の九年橋形式だと考える。大洞C_2式とA式、大洞A式とA'式、大洞A'式と砂沢式、どれが時期、時代区分に相応しいかを問えば、型式学的に大洞C_2式と大洞A式の間である。したがって、亀ヶ岡式土器は事実上大洞C_2式で終焉する。そして、亀ヶ岡文化を特徴づける二大遺物（亀ヶ岡式土器と遮光器土偶）が終焉する大洞A式以後を、亀ヶ岡文化とみなす蓋然性もない。それどころか、型式学的に大洞A式とそれ以後を縄文式とする根拠も喪失している。

大洞C_2式後半から異質な要素が表れ、大洞A式から弥生的文物が出土するようになり、大洞A'式に弥生要素が強くなる。それは、明らかに圏外が弥生文化の時代に入っている証拠である。

聖山式の成立 大洞C_2式後半からA式への変遷の過程に、縄文を施文する聖山1式への分派に絡む東北と北海道南部の2つの方向性がある。縄文を地文に磨消縄文を施文するという意味では、聖山1式が大洞C_2式つまり亀ヶ岡式の正当な後継である。しかし、聖山1、2式は、分布の主体が道南半部、津軽、下北にあり大洞C_2式から分派した地域色のある土器である。その成立は部族の自立の問題に止揚され、分派が大洞C_2式後半に発生する背景に大洞C_1式後半から大洞C_2式前半に生じる亀ヶ岡式土器の地域差があり、東北中部の勢力の拡張が影響していると思われる。それを決定的にするのは、宮城県山王遺跡、岩手県九年橋遺跡などの土器にみる亀ヶ岡式の伝統と違う特徴（九年橋形式）である。

聖山2式になると、道東部の幣舞式の文様が伴い入組み磨消縄文のモチーフが平行線化して流水状の工字文風になり、文様帯が狭まり亀ヶ岡式の要素が形骸化する。次のタンネトウL式の段階で後の続縄文土器の特徴が強くなるが、（変形）工字文のモチーフ自体は後々まで残存する。そういう意味で、続縄文土器は聖山2式を介して亀ヶ岡式と無縁でなく、亀ヶ岡文化の終焉もまた続縄文文化の形成と無関係でないのである。

大洞A式成立の意義 九年橋形式の生成および亀ヶ岡式の終焉によって成立する大洞A式には、①器面全体が研磨され、②磨消縄文と地文縄文が消失し、③亀ヶ岡式の伝統的な曲線文から平行沈線文で文様（工字文）を描き、④亀ヶ岡式の伝統に無い木葉文、縦位区画文、矩形文、矢羽状文などを施文する。⑤伝統的な注口土器が僅少になり、⑥浅鉢のプロポーションが直線的に立上がり、⑦台付形から高坏になり、⑧冠状の蓋形が現れるという特徴がある。

そういう大洞A式には、大洞C_2式から継承される要素もあり、遮光器土偶に代わり中空大型の冠形土偶が作られる。同時に弥生的遺物が伴い、変節要因に弥生文化の伝播、影響が考えられる。したがって、大洞A式以後つまり亀ヶ岡文化後半は弥生時代の縄文文化[18]と認識して問題がない。

（3）縄文から弥生へ移行する過渡期の亀ヶ岡文化

大洞A式とA'式は、器形、文様の形制が変化しつつ連続し、大洞A'式と同時期地域差として設定された砂沢式は見分けが難しいほど類似し、その間で型式学的に時代を分ける根拠が薄い。両者の年代差は認めても大洞A'式が縄文最後、砂沢式が最初の弥生土器とされるが、根拠は稲作の

有無である。それも未だ弘前市砂沢遺跡だけで，新しい発見の都度，見解を変えるのは当然でも，縄文式と弥生式の別は後期，晩期の区分と違い時代観，文化の概念を規定する説明が求められる。水田が伴わなくても，土器の形制が砂沢式に類似し弥生文物や遠賀川系土器が伴う大洞A，A'式は，年代的に弥生時代の範疇で捉えられる。

(4) 亀ヶ岡式後葉の編年と九州弥生年代の比較（表1）

九州では，佐賀県菜畑遺跡の段階（山の寺式，弥生早期）から弥生時代と考えられている。雀居遺跡ではSD003溝跡から弥生早期の夜臼式（後半）に大洞C_2式（後半）が共伴し，板付Ⅰ式の羽状文が大洞A式に比定できる。そして，大洞A'式に伴う遠賀川系が九州弥生前期の板付Ⅱa式[19]とされる。歴博年代では，大洞C_1式が弥生早期，山の寺式平行，大洞C_2式が弥生早期から前期の夜臼Ⅱa，b式，大洞A式が板付Ⅰ式，大洞A'式が板付Ⅱa式，砂沢式が板付Ⅱb式に平行することになる。

歴博年代には晩期が短期間（約300年間）になる問題があるが，東北でもそれを受け入れた場合の是非を議論するべきである。仮に大洞C_1式を弥生早期に比定すると，晩期が大洞B，BC式だけになる。大洞C_1式から弥生早期にする考古学的な根拠が必要だが，大洞C_1，C_2式の土器型式の内容は縄文式である。よって，汎日本編年観では，九州が大洞C_1式平行から弥生時代に入っていても，東北の弥生時代は（砂沢式でなく）大洞A式から始まると考えられる。

4 亀ヶ岡文化の歴史認識に関する諸問題

(1) 亀ヶ岡文化の歴史認識
―圏内の交流と無形の文化―

亀ヶ岡文化を考古学的に認識する上で最重要課題は，縄文文化の継続と国内が新たな弥生文化に向かう晩期という過渡期の歴史認識にあるが，本州北端という地政学的な事情を考慮しつつ汎日本的な視点が必要である。弥生文化の北上は，歴史の必然として北が望んだ結末であり，その媒介が遠隔広域交流だと考える。そういう汎日本的な圏内外の交流については別稿に述べ，ここでは圏内の交流に絞る。

亀ヶ岡文化圏には，東北の北部（岩手県花巻市以北），中部，南部（福島県周囲）の地域差がある[20]。さらに，北部に津軽，下北，北海道南部などの小地域差がある。ほかに，中枢圏（盛岡市以北から八戸市周辺，新井田川・馬淵川流域）という捉え方があり，その規準が遺跡数，綺麗な亀ヶ岡式土器と遮光器土偶の多寡である。

東北一円と道南部を含む広大な亀ヶ岡文化圏は，自然環境によるテリトリーの生活経済圏，婚姻圏，信仰や方言などの習俗を共有する人文地理学上の地域社会の集合体である。テリトリー内部では相互に特産物などを交換する市場や交流の場が季節的に設けられていたと思う。その対象は，アスファルト，黒曜石，津軽の青玉と呼ぶ石材（凝灰岩），ベンガラの素材，土器などだが，遺存しない有機物の生活物資，食料などは言うまでもない。当然，生活圏を超える「道（交通網）」があったと考える。

互恵，互酬の共同体の生活を補う経済的な市場

表1 年代対比表

時期	九州北部	東北地方	参考
縄文晩期	黒川式		
	松添式		
弥生早期	山の寺式	大洞C_1式	
	夜臼Ⅱa式	大洞C_2式	
弥生前期	夜臼Ⅱb式		九年橋形式
	板付Ⅰ式	大洞A式	
	板付Ⅱa式	大洞A'式	
	板付Ⅱb式	砂沢式	遠賀川系
	板付Ⅱc式	五所式	
弥生中期	城ノ越式		
	須玖Ⅰ式		

と共に見逃してならないことは，民俗誌，民族誌にみる若い男女が唄を懸け合う恋愛，伴侶探しの歌垣のような芸能による社交交流である[21]。現代と同じく若人は恋もし，それが人口増をもたらす社会発展の基礎であり，それを促進する交流行事が存在したと考える。また，集落や地域の民が土面などを被り神楽のような動作の芸能を行ない唄を歌い音を鳴らし四季に応じた行事儀礼を行なうのはシャマニズム社会の通例であり，こうして地域共同体のアイデンティティーが深められ通婚圏などの地域社会が形成される。

結社について，地域社会における集落構成員の家族，親族の絆を超えた職能的，宗教的，年齢，性別の目的的な無形の社会組織（組，会，講など）の存在は民俗学，民族学にみるとおりで考古学の盲点である。結社の役割は平等，相互扶助，親睦，交流だけでなく，玉作・石器・土器などの制作技術者やシャマンの信仰集団の専門集団の技術伝承の機能を持ち，技術の進歩や社会の発展の基盤になっていたはずである。

亀ヶ岡式の器形，文様や遮光器土偶の形制が，圏内の対極にある青森でも福島県でも斉一的に変化する。このことは，縄文社会に部族集団のアイデンティティーを図る形而上の統一型式を作る社会心理学上の斉一性原理と，その型式ソフトを津々浦々の地域へ迅速に伝達する交流システムが存在したことを物語る[22]。その型式ソフトを作る役割を担うのが，社会の上位にある土器制作結社とシャマン結社だと考える[23]。

(2) 続縄文文化の出自，形成に関する問題

続縄文文化の形成要因 亀ヶ岡文化の終焉と続縄文文化の形成は，ほぼ同時期における弥生文化の受容に対する諸形態を表す地域差に過ぎない。仮に最後の縄文文化というフレーズを用意するなら，それは年代的に東北の亀ヶ岡文化，北海道の続縄文文化ということになろう。

恵山式以前の続縄文文化形成期には，本州（東北北部）の亀ヶ岡文化並びに弥生文化の遺物と北方的な遺物が出土する。後者に釧路市貝塚町1丁目遺跡や植別川遺跡の鉄片，刀子などが考えられており，突瘤文，縄線文の在地の土器も極東北方的ではある。その遷移は漸移的なものだが，タンネトウL式前後から地域色が顕著になる。そして，晩期後葉から続縄文期初頭に，亀ヶ岡式の亜流地方型式の流水状工字文の聖山2式とそれに伴う板状土偶，大洞A，A'式や砂沢式および西日本の弥生前期の遠賀川系土器の対称弧線文などの土器，突瘤文，縄線文の土器，熊頭部の装飾具（アイヌ文化のサパウンペ）や上記の鉄製品，琥珀玉などが出土する。それらは，言わば在地的，縄文的，弥生的，続縄文的な遺物であり，すなわち続縄文文化は複合文化である[24]であると考えられる。

したがって，続縄文文化の定義である「縄文文化の（生業の）継続」という「縄文」を強調する考え方は一面的であり，稲作の有無だけでは定義づけられない。何故なら，東北でも稲作は極限られた遺跡にみられるだけである。道東部の鉄製品も鉄を生産している訳でなく，それが続縄文文化の出自の直接な引き金になっている訳でない。縄文文化の（生業の）継続云々は，九州，関東，東北，何処でも同じである。

続縄文文化に特有な出入り口と考えられる突出部のある柄鏡形の住居が，青森県野辺地町鳥井平7遺跡で主に縄文晩期初頭から前葉にみられる。続縄文期までは間があるもののその前身になる形態と予測するが，こういった続縄文文化に特有な住居形態が北海道より早く青森県の晩期に存在することは，続縄文文化の形成要因に一石を投じる事例と言えよう。

これらのように，縄文から続縄文への遷移は，本州と同様に縄文から弥生への歴史の必然的な発展の法則として捉えられる。しかし，その内容は複合的である。北海道では弥生文化の影響の強弱があるにしろ狩猟社会に止まる。だから「続」縄

文文化だと言うのであれば水掛け論になるが，生業と信仰が不可分の関係にある社会では異文化遺物が伝来しても信仰が変わるインパクトが無ければ社会が変わらないということである。本州全体の弥生化に逆行し，シャマニズム信仰を継続することが諸遺物の内容に漸移的に反映されている。その好例が，東北では冠形土偶が盛行する時期にあたる亀ヶ岡文化にみられない聖山2式の板状土偶とアイヌ文化に類似する続縄文期の熊頭部の装飾具（サパウンペ）などである。このアイヌ文化に通じる遺物は北方的であり，そういう意味で続縄文文化の北方性，独自性が認められよう。しかしながら，それが北方からの部族の移動を示すものだとしても，晩期において人の移動，移住の社会現象は北海道だけでなく国内全体に共通してみられる。

続縄文土器の母胎 続縄文土器の形成要因の1つに，亀ヶ岡文化の終焉に伴う聖山式の成立がある。東北に弥生的要素が波及した時に，亀ヶ岡式から分派成立する聖山1式は，部族の亀ヶ岡文化からの離別，自立であり続縄文文化の形成の一因でもあると考える。晩期末葉に大洞A式，聖山2式の形骸化した磨消縄文の流水状工字文が施文され，変容した工字文が続縄文期前葉のメルクマールになっている。

続縄文土器の出自形成に，3つの要因があると考える。1が上記の亜亀ヶ岡式の聖山2式の系譜，2が，a：北海道に前代から存在する在地的，北方的な突瘤文，縄線文，縄文を主体にメルクマールの乏しい（縄線文系）土器群，b：道東部の幣舞式の系譜を引くとされる土器群，3が西日本の所謂遠賀川系土器（九年橋形式）の影響である。こういう要素が複合し，日高地方に氷川式，トニカ式，大狩部式，道央部にタンネトウL式，西岡式，道東部に緑ケ岡式，フシココタン式，興津式などが縄文晩期後葉から続縄文期前葉に形成されると考える。従来，それらは恵山文化の影響を受けた縄文文化の残存文化[25]，アヨロ編年では恵山式の古手，初期とか不明な土器群とされてきたが，続縄文土器の母胎は聖山2式直後から恵山式までの地域毎の晩期末と続縄文初頭の型式編年序列によって再認識される。しかし，北海道の当該期編年観にスタンダードが無く，論者によって齟齬が著しい。

続縄文文化と続縄文土器の分類，変遷，認識には整合性が求められる。それらを上記により，1：縄文（亀ヶ岡式）的，2：在地的（北方的），3：弥生的要素に区分する。従来，青森県の大洞A，A'式が弥生文化の影響を受けているにも係わらず，山内清男以来の固定観念により恵山式以前に3の着想がなかった。

所謂遠賀川系土器の影響 新ひだか町旭町1遺跡から出土する複葬壺棺に施文される多重対称弧線文の土器（図1，本誌別稿の図1と比較されたい）は，九年橋形式の文様であり，西日本の山口県綾羅木郷式に類似し，その多重対称弧線文は続縄文土器の主要な文様モチーフである[26]。綾羅木郷式と新ひだか町旭町1遺跡出土土器を対比したが，その文様モチーフ（矢羽文，対称弧線文）は縄文晩期終末から続縄文期に掛けて多用されている。ほかに，道南部に遠賀川系土器[27]が出土しているとされる。

当該期の北海道に，弥生文化の影響を受けた東北北部の大洞A，A'式，砂沢式，複葬埋設壺形土器が出土する。複葬壺形土器は青森県より多い。続縄文期初頭には蛤刃形と片刃の磨製石斧が出土し，それらは青森より弥生的である。また，琥珀玉にも弥生文化の影響を受けたとしか考えられない琥珀棗玉と，碧玉管玉と同形の琥珀管玉がある。北海道では「弥生」が鬼門になっているが，固定観念は無用である。

続縄文文化観の再構築 「続縄文」を，「弥生文化が伝来せず」，「寒冷地で稲作ができず，食料が豊富で稲作をする必要がなかった」と説明するの

は問題である。亀ヶ岡文化が弥生化に向かったのは，食料が貧窮していたからでない。朝鮮半島から高度な灌漑技術の稲作水田耕作が伝来しても定着する以前には，国内何処でも食料は貧窮していたと考えてよい。稲作農耕は植え付け後の管理，収穫後の保存法が異なり，自然環境に依存する伝統的な狩猟採集の（イヲル制のような）社会組織を崩壊させかねないが，東北の晩期後葉に稲作技術と種籾を入手できる環境が整えられつつある時に，北海道だけが蚊帳の外にある訳がない。弥生文化の埒外と考え勝ちだが，北海道の続縄文文化の形成に弥生文化が間接的に影響していることは九年橋形式の土器（図1）をみても分かるであろう。そういう段階を経て，北海道に大洞A'式，砂沢式が出土する訳である。その糸口を開いたのが，亀ヶ岡式の分派後継の聖山1，2式の成立過程にあると考える。聖山式は亀ヶ岡式の亜種なので，東北北部と同様に弥生文化の存在は間接的に知り得る存在である。

縄文晩期後葉の聖山2式の時期に，札幌市N30遺跡で石狩浜産と断定できる琥珀を使い定形琥珀玉作が開始し，続縄文期前葉に琥珀平玉が急増し，九州玉に匹敵する琥珀棗玉，琥珀管玉を作っている。つまり，続縄文期直前に九州玉の玉作技術の情報が玉作ネットワークにより伝来し，続縄文期前葉に弥生文化の碧玉管玉，小型棗玉と同形の玉作技術が定着しているのである。したがって，北海道でも当該期には，結社のネットワークにより東北北部と同様に弥生文化の存在，波及と国内社会が移行期にあったことを認識していたはずである。

これらのように，続縄文文化は縄文文化が継続したままの主体性のない文化，社会でない。亀ヶ岡文化の末裔たちと北海道の同胞先住民たちが「弥生」という新しい時代に対応した文化の一形態であり，東北北部とはバージョンが異なる最北の弥生時代の地域文化である。稲作の有無という一面性だけで文化や時代を律してはならず，辺境の代名詞になった「続縄文」を再構築する必要がある。

5 最後に―亀ヶ岡文化の行末―

亀ヶ岡文化の評価は，内側からみると職能制結社が機能し土器，漆工，玉作などの技術やシャマニズム，遠隔広域交流が発達し，何人が認めるとおり多様な優れた諸遺物をクリエイティブに創作したことにある。それはまた，最後の縄文文化として至極当然のことである。その発展には，九州玉を契機にする異地，異文化との開明的な折衝が寄与していると考える。その遠隔広域交流が亀ヶ岡文化を昇華させた。

対外的には，晩期前葉に社会が動揺するように亀ヶ岡文化の人々の一部は西に移動する。しかし，そういう人達が故地に何かをもたらした形跡がない。むしろ，玉作結社の成員が逸早く動き，九州玉と共に九州や西日本の情報をもたらしたであろう。やがて亀ヶ岡文化の人が九州周辺に赴くに至り，九年橋形式が生成され，これで亀ヶ岡文

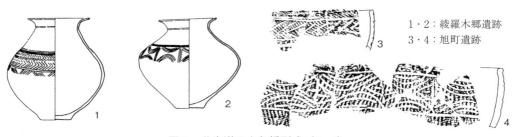

図1　北海道の九年橋形式（3・4）

1・2：綾羅木郷遺跡
3・4：旭町遺跡

化だけでなく国内社会が一変する。その時，亀ヶ岡文化の人間が見た文化，社会は，九州玉の時に得た情報を遥かに凌ぐものであったに違いない。その対外折衝が亀ヶ岡文化圏の運命を左右する。

　彼らは，縄文的伝統社会の終わりを告げる予感と，未知な稲作文化を取り入れることによって北日本の社会がもっと豊かに発展すると予測したであろう。その結果，まず亀ヶ岡式土器を代え，メンタルな遮光器土偶は冠形土偶に変えてしのいだ。関東北，東北南部に複葬・壺棺が発達し，それが北海道に及ぶ。血縁，地縁を包括する村落共同体の葬法と社会組織の構造再編が芽生え，徐々に変革期に相応しい社会変化が起こる。ここまでの対応は正解だった。

　しかしながら，その頃には，九州，西日本に朝鮮半島から倭族が大挙渡来し稲作だけでなく青銅器，鉄器の文明が伝来すると共に，人が人を支配する社会体制が萌芽してゆく。予想だにしない社会の展開と裏腹に，北日本では思いのほか稲作が普及せず人口が減り過疎化が進み，伝統的な生活，文化，社会が衰退する。一抹の希望は，階級制を受入れなかったことである。誠に本懐と言うべきだが，開化期を迎えようと歩み始めた坂の上の，青い天に輝く白い雲の下に見えたのは雪国であった。

註

1) 鈴木克彦「亀ヶ岡文化圏の様相」『月刊文化財』281，1987
2) 藤沼邦彦『縄文の土偶』1997
3) サーヴィス『未開の社会組織』1979
4) 林　謙作「亀ヶ岡文化論」『東北考古学の諸問題』1976
5) 藤間生大『政治的社会の成立』1949
6) 関根達人「亀ヶ岡文化の実像」『北の原始時代』2015
7) 芹沢長介『石器時代の日本』1960
8) 藤尾慎一郎『弥生時代の歴史』2015
9) 鈴木克彦「縄文信仰祭祀の体系」『季刊考古学』107，2009
　　鈴木克彦編『シャマニズムの淵源を探る』2014
10) 佐々木雄司『宗教から精神衛生へ』1986
11) 前掲註3に同じ
12) 前掲註1に同じ
13) 鈴木克彦『遮光器土偶の集成研究』2015
14) 須藤　隆「三　前期弥生文化の波及と農耕社会の出現」『仙台市史　通史編1』1999
15) 鈴木克彦「縄文から弥生への変革期における縄文晩期の玉」『玉文化』13，2016
16) 大坪志子『縄文玉文化の研究』2015
17) 伊東信雄「東北地方における稲作農耕の成立」『日本史の黎明』1985
18) 前掲註8に同じ
19) 前掲註14に同じ
20) 鈴木克彦 1994「亀ヶ岡式土器様式の地域性」『季刊考古学』48
　　鈴木克彦「亀ヶ岡式土器の器形・器形組成から見た地域性」『北海道考古学』31，1995
21) 鈴木克彦「縄文琴―シャマニズムの弦楽器」『地域学』2017
22) 鈴木克彦「亀ヶ岡式土器分布論」『青森県埋蔵文化財センター研究紀要』1，1996
23) 鈴木克彦「遮光器土偶とシャマニズム」『土偶研究会第14回青森県大会資料』2017
24) 鈴木克彦編「北日本の縄文時代から続縄文時代の琥珀玉研究」『玉文化』11，2014
25) 高橋正勝「江別文化の成立と発展」『新北海道の古代』2，2003
26) 鈴木克彦「縄文晩期末葉から続縄文期前葉の道央部の土器・編年」『玉文化』14，2017
27) 佐藤由紀男「恵山式土器，恵山文化の成立に係わる一試論」『立命館大学考古学論集』Ⅲ―1，2003

縄文・弥生文化移行期の社会変動

藤尾慎一郎

1 時代と文化

本稿は次のような意味で「時代」と「文化」を使用する。まず，日本列島では紀元前10世紀後半に九州北部で水田稲作が始まることによって弥生時代が始まる。突帯文土器の山の寺・夜臼Ⅰ式の段階であるが，併行する大洞C_2式新段階からA'式段階はまだ縄文晩期文化段階にある。

図1は，前14〜前4世紀の九州北部と東北中・北部の土器編年図である。炭素14年代にもとづく較正暦年代も入れてあるので参考にしてほしい。

東北も九州北部も，縄文晩期が同じ紀元前13世紀半ばに始まることは，炭素14年代測定によっても確かめられている。紀元前10世紀後半に水田稲作が始まると同時に九州北部は弥生早期文化の段階に入るが，東北ではその後も縄文晩期後半文化が約600年続くのである。

紀元前4世紀前葉，弥生前期末の段階に，青森県弘前市砂沢遺跡で水田稲作が始まる。ほとんどの考古学者は，この時点で東北北部も弥生文化の

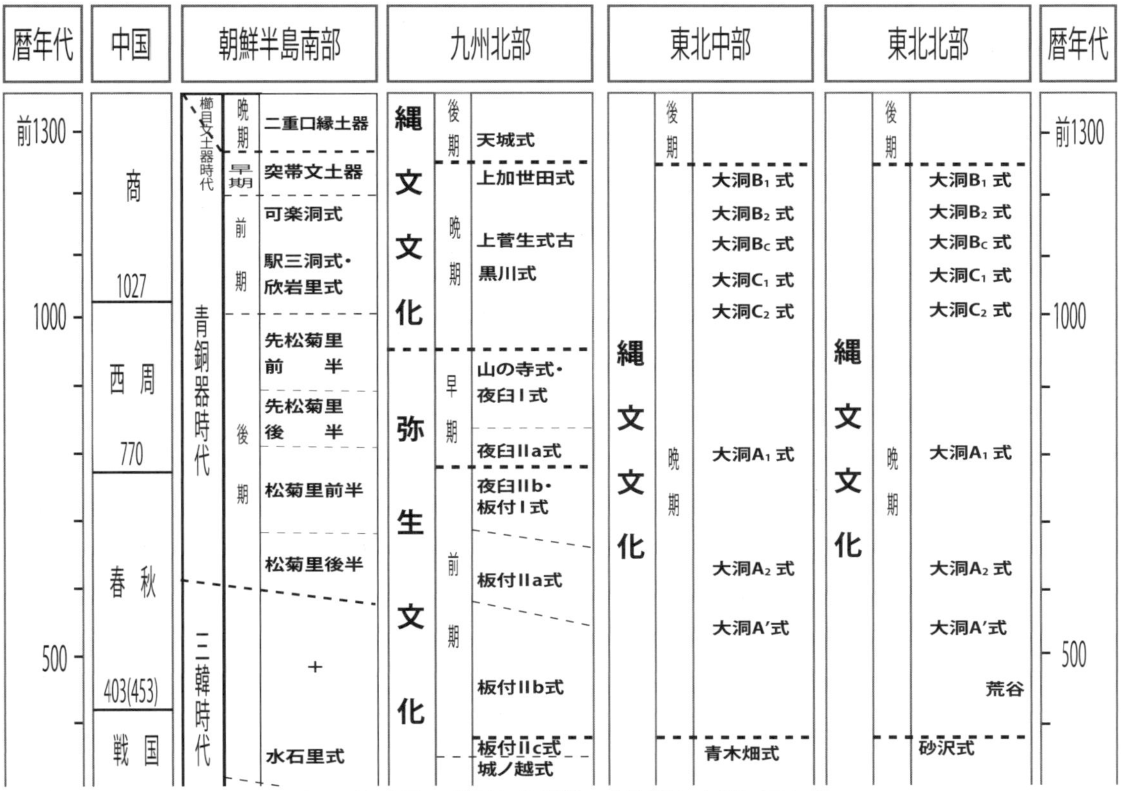

暦年代	中国	朝鮮半島南部		九州北部			東北中部		東北北部		暦年代
前1300	商	櫛目文土器時代	晩期 早期 - 前期	二重口縁土器	縄文文化	後期 晩期	天城式 上加世田式 上菅生式古 黒川式	後期	大洞B_1式 大洞B_2式 大洞B_C式 大洞C_1式 大洞C_2式	後期	大洞B_1式 大洞B_2式 大洞B_C式 大洞C_1式 大洞C_2式	前1300
1000	1027 西周 770	青銅器時代		突帯文土器 可楽洞式 駅三洞式・欣岩里式 先松菊里前半 先松菊里後半				縄文文化 晩期		縄文文化 晩期		1000
	春秋			松菊里前半 松菊里後半	弥生文化	早期 前期	山の寺・夜臼Ⅰ式 夜臼Ⅱa式 夜臼Ⅱb・板付Ⅰ式 板付Ⅱa式 板付Ⅱb式		大洞A_1式 大洞A_2式 大洞A'式		大洞A_1式 大洞A_2式 大洞A'式 荒谷	
500	403(453) 戦国	三韓時代		+ 水石里式			板付Ⅱc式 城ノ越式		青木畑式		砂沢式	500

図1　弥生早・前期と併行期の土器編年と較正暦年代

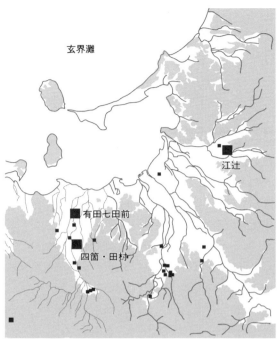

図2 前10世紀前半の遺跡分布（縄文晩期終末）

図3 前10世紀後半の遺跡分布（弥生早期初頭）

段階に入ると考えるが，岡本孝之は縄文続期として縄文文化に続く文化として捉え[1]，筆者や鈴木信は砂沢段階を弥生文化とは考えず，鈴木はこの段階の東北北部ををを類続縄文文化，東北中部を類弥生文化とよぶ[2]。

つまり弥生時代という用語は，古代以前の日本列島の歴史を語る上で必要な記号のようなものに過ぎない。水田稲作が始まってから定型化した前方後円墳が現われるまでの約1200年間を一言で言い表わす場合に重宝な用語である。縄文時代や古墳時代も同じである。

しかし，弥生時代や縄文時代の文化を弥生文化や縄文文化として一括りすることについては再考する必要があると考えている。

以下，九州北部で水田稲作が始まってから農耕社会が成立し，最古の王が登場するまでの社会変動について説明する。

2 九州北部における水田稲作の開始過程

（1）前10世紀前半（大洞C_2式古段階以前）

水田稲作が始まる直前の黒川式段階の福岡・早良（さわら）平野には，平野の中・上流域に栽培活動を生業の一部に持つ採集狩猟民が暮らしていた（図2）。粕屋町江辻遺跡で，前11世紀にダイズやアズキなどのマメ類を栽培していた可能性はある。次の段階になって水田が拓かれる下流域においては，まだ遺跡が出現していない。

（2）前10世紀後半（大洞C_2式新段階）

山の寺・夜臼Ⅰ式段階になると平野の下流域に水田稲作民が現われ（図3），微高地の森を切り開き，水路を通して水田を拓いた。水田稲作民は，朝鮮半島遼寧式青銅器文化の流れを引く血縁集団と，福岡平野の地元の採集狩猟民から構成されたと考えられている。いわゆるニューカマーとネイティブの人びとからなっていた。ではその中の一つ，福岡市板付遺跡についてみていこう（図4）。

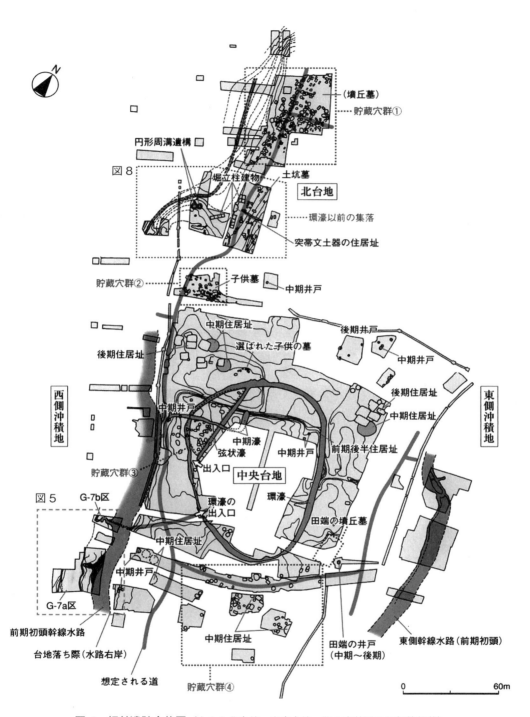

図4 板付遺跡全体図(上から北台地,中央台地,註3文献図9に加筆転載)

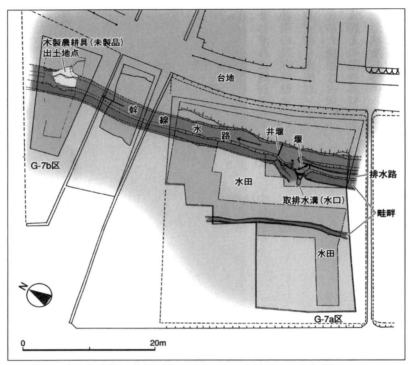

図5 水田と水路・井堰（前10世紀，註3文献図28より転載）

図6 水口の堰（福岡市埋蔵文化財センター提供）

図7 木製農具と石斧
（福岡市雀居遺跡，原品：福岡市埋蔵文化財センター所蔵）

図8　環壕掘削以前の板付遺跡（前10世紀，註3文献図10より転載）

　G-7a・7b調査区では，中央台地の際に沿って南北に延び，幅約2m，深さ約1mで断面はU字形に掘られた幹線水路と，排水路から水を水田に取り入れるための取排水口，水田を区画する畦畔，一面が500㎡もある大区画水田が見つかった（図5・6）。

　水田稲作民は，朝鮮半島由来の木製農具や大陸系磨製石器をもち（図7），石剣や長さが16cmもあるような磨製石鏃などの武器（図9）も保有した。しかし，縄文文化に系譜を持つ土偶などのまつりの道具は一切持っていない。

　壺の比率が早くも器種構成の3割を超えており，弥生前期以降の器種構成比率が当初から完成していることがわかる。

　この段階の住居跡はこれまで見つかっていなかったが，水田が隣接する中央台地の北にある北台地の西側にあったことがわかってきた（図4・図8）。円形の竪穴住居1軒，方形と細長い掘立柱建物3軒，細い溝が円形にめぐる遺構が2基見つかっている。水田を拓いた人びとの居住区かどうかはわからないが，集団の規模と水田の規模との関係を知る手がかりになろう。

（3）前9世紀後半（大洞A_1式）

　水田稲作が始まってからほぼ100年たった夜臼Ⅱa式段階になると，中央台地に環壕が掘られ始め（図4），水と土地をめぐる戦いも始まる。

　また，環壕の北側から5m離れた所に7基からなる子供用の壺棺墓（選ばれた子供の墓）が，ここからさらに北西に40m離れたところに，計67基の土壙墓，木棺墓，甕棺墓からなる子供墓が見つかっている。

　環壕集落の中心に近い所に葬られていた子供だ

図9 福岡市雑餉隈遺跡出土副葬品の復原複製
（原品：福岡市埋蔵文化財センター所蔵，
写真：国立歴史民俗博物館提供）

図10 夜臼Ⅱa式土器
（前9世紀，原品：福岡市埋蔵文化財センター所蔵）

けの墓地（選ばれた子供の墓）には，小壺や碧玉製の管玉を副葬されたものがあり，子供の墓としてはきわめて珍しい。

一方，環濠集落の中心からさらに離れた所にある子供墓の一基からは，石剣の切っ先が見つかっている。

このことから，前者は有力者の子供の墓，あるいは選ばれた子供の墓と考えられている。

有力者の墓と思われる木棺墓も，板付遺跡の南にある雑餉隈遺跡から見つかっており，当時の朝鮮半島南部の墓に入れられるのと同じ磨製石剣，磨製石鏃，壺，という副葬品のセットを見ることができる（図9）。おそらく玄界灘沿岸地域の有力者たちにとっては，朝鮮半島南部と同じ埋葬形式で葬られることが重要だったのであろう。

水田稲作が始まってから100年ぐらいで有力者，その子供，というように，親の地位が子供にまで継承され，格差が生じていた可能性がある。

夜臼Ⅱa式土器（図10）は，板付祖型甕の口縁部が外反をし始めるとともにその数が増え，反面，胴部が屈曲しない突帯文甕の比率が減り始める。

（4）前8世紀（大洞A₁式）

夜臼Ⅱb式・板付Ⅰ式共伴期である。壺はほとんどが板付系，甕は外反口縁甕と屈曲する体部を持つ突帯文甕がほぼ1：1の割合で共伴するという器種構成比率をみせる。図11は板付Ⅰ式土器

のセットである。

さらに，この時期には環濠集落が完成する（図4）。環濠は南北110m，東西81mの平面卵形で，環濠の北西部には弦状濠とよばれる直線の溝で半月形に画された一角がある。だいぶ削平されているものの，もともとは幅約6m，深さ3mの大規模なもので，また濠の両側には土塁が築かれていたと考えられている。

環濠の内側から竪穴住居が見つかっていないことから，もともとなかったのでは？という意見と，掘り方が貯蔵穴に比べると浅い竪穴住居は削られてしまったので見つからないのでは？という2つの意見がある。

出入り口は南西部の1ヵ所だけである。陸橋の先には水田があることから，農作業に行く途中に出入り口が造られたと考えられている。

3 200年にわたる社会変動

以上，縄文晩期末から弥生前期初頭までの200年あまりの間に福岡平野で起きた社会の動きをみてきた。最後に整理しておこう。

前10世紀後半，それまで採集狩猟民が生活の中心を置いていなかった土地に，水田稲作民が水田を拓いた。この集団は，遼寧式青銅器文化の流れをくむ朝鮮半島南部出身者と，この地にもともと暮らしていた採集狩猟民から構成されていた。半数以上は採集狩猟民であったと推測される。

図 11　板付 I 式土器
（前 8 世紀，福岡市埋蔵文化財センター提供）

　森を切り開き，台地に水路を掘削して水田が拓かれた。自然を改変し人工的な生産の場を設けるという行為は，遼寧式青銅器文化に通底する考え方に裏付けられている。そこには縄文以来の土偶や石棒祭祀とは相容れない考え方が流れており，穀霊に祈り，豊穣を願うまつりが最優先される世界である。
　約100年で余剰生産物を背景に人口が増えると，人びとはさらなる可耕地と水を求め始める。山崎純男[3]によれば，当時の技術で開発できる土地は，ほぼ可耕地へと変えられていたようである。しかしこれらが不足し始めると，話し合いで解決できない場合は，戦いという手段に訴えて解決を図った。これも朝鮮半島南部から持ち込まれた政治的な解決手段である。
　むらの周りには壕が掘られ始め，環濠集落が成立。農耕社会が成立するとともに，有力者とその家族が顕在化したことを墓に見ることができた。有力者の埋葬形式は，副葬品ともども朝鮮半島南部と共通していたし，親の格差は子にも継承されたのである。
　その後80年あまりで板付 I 式という列島初の農耕民の土器が，板付遺跡など限られた遺跡で創造される。
　水田稲作が始まって約600年後の紀元前4世紀後半（中期初頭），青銅器を副葬する最古の王が登場し，九州北部は朝鮮式青銅器文化の末端へと組み込まれるのである。

註

1) 岡本孝之「東北大森文化続期論序説」『神奈川考古』30，1994，pp.43-56
2) 鈴木　信「続縄文文化と弥生文化」『弥生文化の輪郭』弥生時代の考古学1，同成社，2009，pp.129-147
3) 山崎純男『最古の農村―板付遺跡』シリーズ「遺跡を学ぶ」048，2008，新泉社

参考文献

藤尾慎一郎『弥生時代の歴史』講談社現代新書，2015

第Ⅰ章　北日本の縄文晚期（亀ヶ岡文化）を俯瞰する

亀ヶ岡式土器とその年代観

小林圭一

1　亀ヶ岡式土器の型式細分

縄文時代晚期は「亀ヶ岡式及その並行型式」と定義され，亀ヶ岡式土器が成立し，発展を遂げ，終焉を迎えた時代に相当する。同式土器は山内清男により6つの型式（大洞B式→同BC式→同C_1式→同C_2式→同A式→同A'式）に細別された[1]。この区分は，表1が示すように，土器の型式的特徴を属性ごとに分化し，それらの消長を跡付け，複数の属性の組み合わせから導き出されており，同式土器を構成する要素の多様性と系統性を看破した分析方法に基づいていた[2]。

(1)　亀ヶ岡式土器の器種構成

亀ヶ岡式土器は深鉢形土器，鉢形土器（台付を含む），浅鉢形土器（台付・椀形を含む），皿形土器，壺形土器，注口土器，香炉形土器の7器種で構成される。これらの器種は製作の精粗から粗製土器と精製土器に二分される。粗製土器は深鉢形が主で，装飾性に乏しく，粗雑で大きな作りを特徴とし，器面に炭化物の付着した例が多いことから，什器として使用されたと考えられる。一方，精製土器は数量的に劣るが，装飾性に富み，上記した多様な器種から構成される。そのほかに煮炊きに使用された，頸部に装飾帯を持つ鉢形土器（台付鉢を含む）は半精製土器に区分され，大洞BC式以降に顕在化する。

亀ヶ岡式土器については「製作する手順や約束事を守れば，誰でもが作ることができた」[3]という指摘もあるが，精製土器の多くがどの地域でも製作されたのではなく，特定の製作者あるいは集団によって専業的に製作され，土器そのものが流通したか，または製作者自身が移動し各地で土器を製作したと考えられる。斉一性の強い亀ヶ岡式の精製土器が東北一円に分布する背景には，上記した土器を取り巻く社会環境が存し，多様な器種の役割や価値，複雑な文様の意味を共有した社会が存立しており，器種により製作者ないしは製作集団が異なっていた可能性が考えられる。

(2)　土器型式の細別

亀ヶ岡式土器は後に山内により9細別された[4]。しかし型式内容の詳細は明らかにされず，その解明が長い間当該土器研究の主要な課題となってきた。すなわち従前の大洞B式がB_2式とされ，それ以前がB_1式。従前の大洞BC式がBC_2式とされ，B_2式とBC_2式の間に設定されたのがBC_1式，従前の大洞A式がA_1式とされ，大洞A'式との間に設定されたのがA_2式である。膨大な資料が蓄積された昨今の研究情勢は，この9細別案を支持する傾向にあるが，以下では東北中部の山形県最上川中流域（最上・村山地方）の資料を例に型式内容を確認したい（図1・2）。

大洞B式　晚期初頭の型式で，入組三叉文を特徴とし，大洞B_1式（図1-1〜10）と同B_2式（11〜15）に細別される。B_1式は後期から晚期への過渡的様相を有しており，沈刻による三叉文が発達する。一方，装飾深鉢は（口）頸部の文様に縄文地文が残存し，括れが弱まり，体部は丸味を増し，小型・薄手化の傾向にあり，底部の高台化が進行する。B_2式は入組三叉文を特徴とし，（口）頸部から縄文地文が消失し，土器の小型化が一層

表1 山内清男による大洞諸型式の分類基準（高橋1999改変）

器種と属性		鉢形							壺形	急須形			香炉形
型式細分		突起	口縁		頸部			体部文様	口縁	形態		頸部文様	形態
山内(1930)	山内(1964)	B突起 / B形突起列 / A突起	薄い口縁 / 厚い口縁 / 口内側の溝 / 口外側の溝 / 口上端からの枝 / 口内側溝からの枝	頸部文様帯直上の文様 / 羊歯状文 / 截痕	細かい点列 / 二溝間の截痕 / 溝底の刺痕 / 肩部の隆線		曲線的磨消縄文 / 平行化過程の磨消縄文 / 並行線の文様 / 磨消縄文	口唇上沈線 / 口外側の隆帯	肩の帯状隆帯 / 肩の区画 / 平低化 / 平底 / 丸底 / 体部が無文壺形		沈線 / 羊歯状文 / 磨消縄文	肩の区画 / 肩の隆帯化

大洞 BC 式　晩期前葉の型式で，羊歯状文を特徴とする。大洞 BC₁ 式（図 1-16〜21）と同 BC₂ 式（22〜40）に細別される。BC₁ 式は入組三叉文から発達した祖型的な羊歯状文が施文され，大洞 B₂ 式から同 BC₂ 式への過渡的様相が看取されるが，前後の型式との区分は必ずしも明確でない。BC₂ 式は多様な器種が見られ，羊歯状文が発達するが，三叉状の沈刻文様も一部残存する（25・40）。当該域では口縁部が外折した台付鉢（23）は少なく，直上した平縁・小波状縁の鉢形土器（22・24・28）が主体を占める。浅鉢形土器（33・34・36〜38）には曲線的な磨消文様が認められる。しかしネガの文様の3要素である主要素・複要素・補助要素の組み合わせ[5]は，まだ明確になっていない。

大洞 C₁ 式　晩期中葉前半の型式で，曲線的な磨消文様の発達に特徴付けられる。浅鉢形土器（高坏形・椀形土器を含む）には，東北北部と共通する複雑な磨消文様（図 1-41〜47）が展開するが，東北中部固有の器種類型として「縄文施文浅鉢」（52）が指摘される。注口土器では2段構成が消失し，3段構成（53・57）が席巻しており，磨消文様を持つ大型壺形土器（60）は該域固有となっている。同式は古段階（52・53）と新段階に二分されるが，最上川流域ではほとんどが後者に該当しており，前者の様相はまだ判然としない。

大洞 C₂ 式　晩期中葉後半の型式で，平行化の過程にある磨消縄文に特徴付けられる。浅鉢形土器は小型から大型までバリエーションが豊富で，鉢形土器は頸部文様帯の「溝底の刺痕」（図 2-17）が特徴となる。高橋龍三郎により5細分案[6]が

図 1 東北中部最上川中流域における亀ヶ岡式土器変遷図 (1)

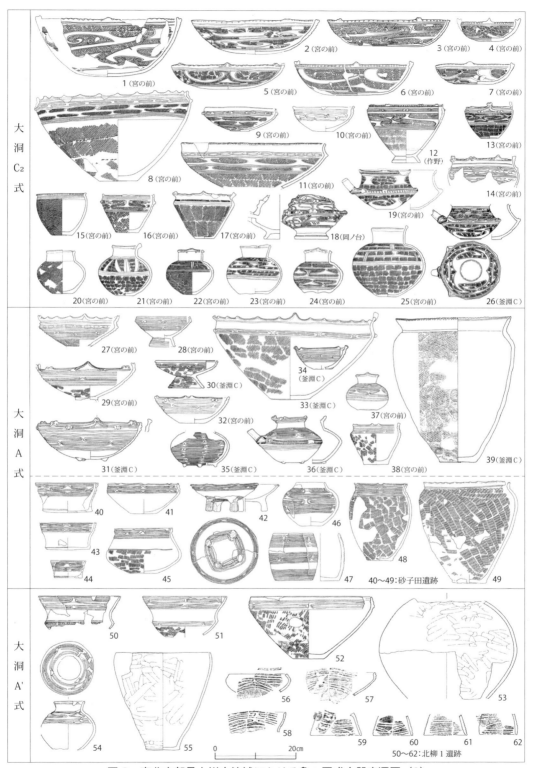

図2　東北中部最上川中流域における亀ヶ岡式土器変遷図（2）

示されているが，ここでは同氏のネガ文様類型「合体型1類」の出現を境に新古の2段階に細分する。

大洞 C_2 式古段階（1～7・12・18・19・22・25）は独立並置型ネガ文様が主体を占めるため，文様の扁平化が顕著で，半肉彫的手法も失われつつある。同式新段階（8～11・13・14・16・17・23・24・26）は合体型ネガ文様が出現し発展を遂げるが，後続型式の工字文のプロトタイプ（10・16・23・24・26）が成立し，頸胴部の境界の眼鏡状隆帯や口縁部のA突起も増加する。なお，香炉形土器は同式をもって姿を消し，注口土器とのキメラ（18）が一時的に現出する。

大洞A式 晩期後葉の型式で，工字文を特徴とし，大洞 A_1 式（図2-27～39）と同 A_2 式（40～49）に細分される。大洞 A_1 式は広い文様帯に流水状の工字文を描出する。浅鉢形土器，鉢形土器，壺形土器が主要な器種となるが，縄文地文が消失する傾向にある。浅鉢形土器では高台付（28～30）が増加し，注口土器は壺形の器形（36）に統一され，同式でほぼ消失する。

大洞 A_2 式は砂子田遺跡や北柳1遺跡で良好な資料が出土し，型式内容が明確になっている。変形匹字文や丸底の浅鉢形土器（40）に代表され，基本的には隆線文手法による上下対称の匹字文で構成される。浅鉢形土器（台付を含む），壺形土器，装飾深鉢形土器が主要器種となるが，粗製深鉢形土器（49）は口頸部が外折し無文となり，体部の地文は斜行縄文主体で，これまで盛行した羽状縄文は姿を消す。

大洞A'式 晩期末葉の土器型式で，変形工字文を特徴とする。大洞貝塚A'地点の資料に基づくならば，同式は新古に二分され，山内模型図の大洞A'式はその新段階に該当する。しかし，近年では新段階を弥生時代前期に位置づけており，古段階のみが大洞A'式の範疇で捉えられる。文様帯の幅が狭まり，横長扁平の変形工字文で構成され，変形工字文の斜線は直線的で単線が多く，台付浅鉢（図2-59～62）が盛行し，当該域では屈曲をもった鉢形土器（50・51・58）が特徴となる。

2 他地域との並行関係

東北地方に主体がある亀ヶ岡式土器は，北海道から九州までの列島規模で出土しており，年代交差決定の指標とされてきた。山内は関西以西から出土した亀ヶ岡式土器（或いは類似の土器）と在地土器型式との比較から，縄文時代の終末年代が全国的にほぼ同時期であったことを実証し，全国的な編年大綱を構築した[7]。表2は現時点における最も精緻な広域編年表となろう。東北の大洞諸型式を基準に関東・近畿の並行関係を考察し，この3地域を主軸にして周辺地域と対比した。

東北以外で出土する亀ヶ岡式土器とその影響を受けた「亀ヶ岡式系土器」は，以下のように区分される[8]。

① 東北地方からの搬入品
② 亀ヶ岡式土器のうつし
③ 在地の型式と亀ヶ岡の手法が融合したもの
  a. 亀ヶ岡からの影響がつよく，在地の型式とも亀ヶ岡式ともつかぬもの
  b. 在地の型式のなかに亀ヶ岡系の要素がとりこまれたもの

①は東北から直接搬入されたと考えられる亀ヶ岡式土器の優品で，実際特定できる資料は限られる。②は「模倣品」として扱われ，在地またはその近隣の地域で製作されたと想定され，遠隔地域に一般的であり，製作にあたっては手本の存在またはある程度の製作技術を保有した担い手の存在が前提となる。③は「折衷土器」として扱われ，亀ヶ岡式との関わりを示した在地土器型式が該当する。東北に隣接する地域にしばしば見受けられるが，遠隔地域には稀であり，aとbは影響の度合いの差異に起因する。

亀ヶ岡式系土器が異地域に移入され模倣された

表 2　縄文時代後期後葉〜弥生時代前期土器編年表

	推定年代 ^{14}CBP	九州	山陰	瀬戸内（四国含む）	近畿	東海西部（愛知・遠江）	東海西部（駿河）	北陸	中部高地	関東	新潟（上越）	新潟（中下越）	東北	北海道（渡島半島）
縄文後期	3500〜3400	三万田式	「原田遺跡2区」	福田KⅢ式	元住吉山Ⅱ〜宮滝Ⅰ式	長合式	蜆田式	井口Ⅰ式	高井式	高井東式・曽谷式	籠峰 後期Ⅳ期	元尾敷 7期	榎付土器Ⅰ段階	堂林式（古中）
		烏井原式／御領式	(+)	福田KⅢ式〜岩田第三類	宮滝2式	馬見塚K1式・吉胡K1式	蜆田式／清水天王山下層	井口Ⅱ式	高井東式・（石神34号住居）	高井東式・安行Ⅰ式	籠峰 後期Ⅴ期	元尾敷 8期	榎付土器Ⅱ段階	堂林式（新）
	3400〜3200	広田式・天城式・上加世田式	(+)	(+)	滋賀里Ⅰ式	寺津下層式・伊川津Ⅰ式	清水天王山下層	八市新保Ⅰ式	「中ノ沢Ⅰ式」（後平2号住居）	安行2式（古）	籠峰 後期Ⅵ期	元尾敷 9期	榎付土器Ⅲ段階	湯の里 3式
		古閑式（古）／大佐式（古）	「原田遺跡2区」	岩田第四類	滋賀里Ⅰ〜Ⅱ式	(+)	清水天王山下層2	八市新保Ⅱ式	「中ノ沢Ⅱ式」（大炬2号住居）・清水天王下層2	安行2式（新）	籠峰 後期Ⅶ期	元尾敷 10期	榎付土器Ⅳ段階	御殿山式
	3200〜3100		「原田遺跡Ⅲ区」旧河道	(+)	滋賀里Ⅱ式	下別所式・伊川津Ⅱ式	清水天王中層1	御経塚（古）・勝木原式	（大炬1号住居）・清水天王中層1	安行3a式（古）・前浦1	（正面ヶ原A遺跡2号住居）	大洞B1式	大洞B1式	東山1a式
	3100〜3000	古閑式（新）／大佐式（新）	「板屋Ⅲ遺跡」旧河道		滋賀里Ⅲa式	寺津式・吉胡Ⅲ式	清水天王中層2	御経塚式（中）・勝木原式	清水天王中層2	安行3a式（新）・桃山Ⅱ式	（正面ヶ原A遺跡L5−1号土坑）	大洞B2式	大洞B2式	東山1b式
	3000〜2900	黒川式（古中）	「（仮田遺跡1区Ⅱ群2類」	舟津原式	滋賀里Ⅲa〜篠原式（古中）	雷式・保美Ⅱ式	清水天王中層2	御経塚式（新）／中尾式（古）	佐野Ⅰa式	安行3b式・桃Ⅲ式（古）	佐野Ⅰa式	大洞BC式	大洞BC式	上ノ国式（古）
縄文晩期	2900〜2800	黒川式（新）	「神原Ⅱ遺跡」	谷尻式	篠原式（新）	桜ヶ峰式・稲伯山Ⅰ式	清水天王上層	中尾式（新）	佐野Ⅰb式	安行3c式（新）・前浦1	佐野Ⅰb式	朝日式・大洞C1式	大洞C1式	上ノ国式（新）
	2800〜2700	「江辻SX1」・千河原段階	「桂見Ⅰ式」	前池式	滋賀里Ⅳ式	西之山式	(+)	下野式（古）	佐野Ⅱ式（古中）	安行3d式・前浦2式	佐野Ⅱ式（古中）	朝日式	大洞C2式（古）	(+)
	2700〜2600	山ノ寺式／夜臼Ⅰ式	「桂見Ⅱ式」	津島岡大式	口酒井式	五貫森式（古）	（睡鹿塚遺跡）	下野式（新）	佐野Ⅱ式（新）	前浦2式	佐野Ⅱ式（新）	上野原式	大洞C2式（新）	聖山Ⅰ群
弥生前期	2600〜2500	夜臼Ⅱ式／夜臼Ⅰ式	古市河原田式	沢田式	船橋式	五貫森式（新）	（関屋塚遺跡）	長竹式（古）	女鳥羽川式	桂合式・向台Ⅱ式	女鳥羽川式	鳥屋1式	大洞A式（古）	聖山Ⅱ群
	2500〜2400	板付Ⅰ式／夜臼Ⅰ式	古海式	沢田式／津島式	長原式／第Ⅰ様式（古）	馬見塚式		長竹式（新）	離山式／氷Ⅰ式	杉田皿式・千網式	離山式／氷Ⅰ式	鳥屋2a式	大洞A式（新）	湯の里Ⅴc類
	2500〜2400	板付Ⅱa・b式	「前期2式」	高尾式	第Ⅰ様式（中）	樫王式	（駿府山王遺跡）	柴山村式（中新）	氷Ⅰ式（中新）	杉田皿式・千網式／荒藤式	氷Ⅰ式（中新）	鳥屋2b式	大洞A'式	尾白内Ⅰ群
	2400〜2300	板付Ⅱc式	「前期3式」	門田式	第Ⅰ様式（新）	水神平式	（駿府山王遺跡）	柴山村式（新）	氷Ⅱ式	（境木）・荒藤式・沖Ⅱ式	縮立式	青木畑式・砂沢式	尾白内Ⅱ群

（小林圭一・中沢道彦　2017年5月作成）

背景には，日本列島に広く亀ヶ岡式精製土器を優品として高く評価する価値体系と，それを必要とする体制，およびそれを使用する環境の存在が指摘されている[9]。同系土器は器種が限定され，ある程度選択的に受容されていたことになり，何らかの社会的意味が付与されていたことは否めないであろう。祭祀の体系などに関わっていたのか，在地型式に欠ける要素を補完したのか，様々な動機が推測されるが，異地域で同系土器が製作されたとしたら，亀ヶ岡式の製作技法にある程度精通した作り手が関与していたと考えられる。

西日本（伊勢湾・琵琶湖以西）では，瘤付土器第Ⅲ段階から大洞C_1式までの土器が出土しており，中でも大洞BC～C_1（古）式が卓越する。拠点集落である滋賀県滋賀里遺跡や奈良県橿原遺跡では，後期末葉から晩期前半まで連続的に出土しており，大半が在地で製作された模倣品とみられている。器種では，深鉢形・鉢形土器，浅鉢形土器（椀形土器を含む），壺形土器，注口土器に限られ，とくに後二者の器種は在地土器型式（滋賀里式）には一般的でなく，装飾された深鉢形・鉢形土器は半精製土器の範疇に属している。

近畿地方で出土した大洞C_2式は，京都府高倉宮下層遺跡の鉢形土器のみで，それ以降は中部系の浮線文土器が席巻する。これは，突帯文土器が出現した時期に相当し，近畿における亀ヶ岡式系土器の激減が，後期末葉から晩期前半にかけて継続された東北との相互関係に大きな変化が生起したことをうかがわせる。

福岡県雀居遺跡では入組渦巻文を施文した大洞C_2新式の壺形土器が出土し，東北北部から直接移入された土器とみられている。また，高知県居徳遺跡では東北中部に特徴的な隆帯による矩形区画を施した大洞A古式の大型壺形土器が出土しており，同様に理解されている。大洞C_1式までは東北南部に関連を持つ土器が出土していたが，大洞C_2式以降は東北北・中部の土器が近畿を飛び越え，より遠方で出土しており，亀ヶ岡式の加担者が近畿を介することなく，局所的に遠方との関係を求めていったと推定される。西日本における水稲農耕の開始がその背景にあったように思われるが，近年沖縄県平安山原B遺跡で大洞A式に類した土器片が貝塚時代中期の土砂から出土したと報じられており，広域交流の背景を稲作のみに帰する訳にはいかないであろう。

3 亀ヶ岡式土器の実年代推定

これまで晩期の年代は，放射性炭素年代測定法（ベータ線計測法）から，3000～2300年前と見積もられてきた。1990年代に入り加速器質量分析計（AMS）の導入が急速に普及し，その結果，土器に付着した炭化物を測定して，直接土器の年代を読み取ることが可能となった。

小林謙一[10]はこれらのデータを基に，晩期の較正年代（表3）を提示し，晩期は3220～2350年前cal BP（1270-400? cal BC）と改定され，870年間が7型式に細別されている（較正年代はIntCal04を使用）。大洞A式のみ280年の長い存続幅を有するが，同式は前記したように新古に二分される。そのほかの型式は70～120年の範囲にあり，各型式は概ね100年前後の存続期間が見込まれる。

晩期開始期は山形県高瀬山遺跡出土の大洞B_1式（図1-1）が指標となる。炭素年代で3120～3050年前（^{14}CBP）の範囲にあり，暦年代ではBC1270～1170年が目安となろう。続く大洞B_2式

表3　東北地方における縄文晩期の較正年代

型式名	^{14}C年代測定値	較正年代
大洞B_1式	3220～3120 年前cal BP	1270 － 1170 cal BC
大洞B_2式	3120～3050 年前cal BP	1170 － 1100 cal BC
大洞BC式	3050～2950 年前cal BP	1100 － 1000 cal BC
大洞C_1式	2950～2850 年前cal BP	1000 － 900 cal BC
大洞C_2式	2850～2730 年前cal BP	900 － 780 cal BC
大洞A式	2730～2450 年前cal BP	780 － 500? cal BC
大洞A'式	2450～2350 年前cal BP	500? － 400? cal BC
砂沢式	2400～2300 年前cal BP	450? － 350 cal BC

から同 C_1 式までは，拙書[11]で測定値を集成したが，大洞 B_2 式が 3050〜2950 年前（^{14}CBP），大洞 BC 式が 3000〜2900 年前（^{14}CBP），大洞 C_1 式が 2900〜2800 年前（^{14}CBP）が目安となる。大洞 BC 式は BC_1 式と BC_2 式に細分されるが，計測値から型式細別を可能とする有意差を指摘することはできない。大洞 C_2 式は 2800〜2700 年前（^{14}CBP）の範囲が見込まれるが，前記したように細分され，大洞 A 式との境界も不明瞭であることから，存続幅がより長くなる可能性もある。

大洞 A 式・同 A' 式・砂沢式期は炭素年代の「2400 年問題」の時期に該当し，較正曲線の BC750〜BC400 年に至る水平な部分に入るため，正確な年代を絞り込むことが困難である。山形県砂子田遺跡出土の大洞 A_2 式（図 2-47）の測定値は 2440±40 年前（^{14}CBP），山形県北柳 1 遺跡出土の大洞 A' 式（図 2-52）の測定値は 2410±25 年前（^{14}CBP）で，その差は僅かでしかない。砂沢並行期は「2400 年問題」を抜けた年代を示すと考えられるが，山形県生石 2 遺跡では 2400 年代（^{14}CBP）の測定値が得られており，先行型式との差は認められない。

亀ヶ岡式土器の型式編年研究と年代測定結果は，大筋では整合性が得られているが，まだ測定値にばらつきがある。先に記した型式細別を指示する有効なデータも得られておらず，炭素年代ではせいぜい 100 年単位の幅に絞り込むのが限度であろう。将来的に測定技術と分析精度の向上が期待されるが，現時点では型式編年研究のレベルに，分析結果が到達していないのが実情である。分析事例をさらに蓄積して，年代値を絞り込む作業が求められる。

炭素年代の分析方法や測定技術などの進展により，将来的に型式編年不要論の台頭も予見される。しかし測定値のばらつきを是正し年代を絞り込むためには，型式編年研究が不可欠の手段である。同研究は単に年代的尺度を供するだけではなく，地域的単位を明確にする。地域的なまとまりが蓄積されるほどに，地域社会の理解が深まることが期待され，図 1・2 に示したような地域編年が各地で構築されることが望まれる。

註

1) 山内清男「縄紋土器型式の細別と大別」『先史考古学』1—1，先史考古学会，1937，pp.28-32
　山内清男「所謂亀ヶ岡式土器の分布と縄紋式土器の終末」『考古学』1—3，東京考古学会，1930，pp.1-19（pp.139-157）
2) 高橋龍三郎「東北地方　晩期（亀ヶ岡式）」『縄文時代』10（第 1 分冊），縄文時代文化研究会，1999，pp.178-196
3) 藤沼邦彦・関根達人「亀ヶ岡式土器（亀ヶ岡式系土器群）」小林達雄編『総覧　縄文土器』アム・プロモーション，2008，pp.682-693
4) 山内清男「縄文式土器・総論」『日本原始美術 1　縄文式土器』講談社，1964，pp.148-158
5) 高橋龍三郎「亀ヶ岡式土器の研究―青森県南津軽群浪岡町細野遺跡の土器について―」『北奥古代文化』12，北奥古代文化研究会，1981，pp.1-51
6) 高橋龍三郎「大洞 C2 式土器細分のための諸課題」『先史考古学研究』4，阿佐ヶ谷先史学研究会，1993，pp.83-151
7) 前掲註 1 に同じ
8) 林謙作「亀ヶ岡と亀ヶ岡もどき―地域性をとらえる指標―」『季刊考古学』21，雄山閣，1987，pp.40-50
9) 大塚達朗「亀ヶ岡式土器研究の今日的基礎」『縄文時代』22，縄文時代文化研究会，2011，pp.119-140
10) 小林謙一「縄文時代の暦年代」『縄文時代の考古学　2　歴史のものさし―縄文時代研究の編年体系―』同成社，2008，pp.257-269
11) 小林圭一『亀ヶ岡式土器成立期の研究』早稲田大学先史考古学研究所，2010

東北・晩期の集落構成

小林圭一

1 東北・縄文晩期の集落構成

東北地方に栄えた亀ヶ岡文化は，華麗な装飾を持った亀ヶ岡式土器に象徴される。文化的高揚が著しく，活力に溢れると共に，呪術・祭祀性の強い社会であったと想定されている[1]。一方では，亀ヶ岡式土器を社会の停滞性の象徴と見なし，将来において発展する内在的な力を失った文化といった消極的な評価[2]も根強く存しており，対照的な社会観が対峙している。

東北6県の晩期の周知遺跡は4,000遺跡以上を数えるが，盆地や水系などを単位として地域性が醸成され，各地で異なった消長が看取されている。しかし，居住域としての集落構成が明確になった遺跡は少なく，社会の実態の解明が立ち後れていたのが実情である。以下では，亀ヶ岡文化を代表する東北北部の2つの遺跡について，集落構成から往時の社会の一端に触れてみたい。

(1) 岩手県八幡平市曲田Ⅰ遺跡の集落構成

遺跡は馬淵川水系安比川の上流域に位置する山間の集落跡である。後期終末から晩期中葉（大洞C_1式期）にかけて営まれ，晩期の住居跡が約50棟検出されており，主体は晩期前葉（大洞B・BC式）にある[3]。住居跡は細長い平坦部の崖線に沿って並列に分布するが，重複が著しく，原形を留めた単独の住居跡は少なく，限られた空間に居住を繰り返した様相をうかがわせる。

検出された住居跡の多くは円形または楕円形の竪穴住居跡で，そのほかに掘立柱建物跡が1棟検出されている。竪穴住居跡は面積から小・中・大・特大の4クラスに分類されるが，中でも東側のGⅢ-016住居跡は柱穴の同心円状の配列から5～6期の重複が認められ，最大で径13mの特大の住居である。

図1は，須藤隆が示した集落変遷図である[4]。須藤は「並列型の集落」と規定し，同時に存在し，集落を構成した住居は後期後葉に3棟前後，後期終末から晩期前半には径10mに達する大型住居1棟（GⅢ-016住居）と5～6mの中型住居3～4棟が営まれていたとして，同時期の並存を5棟前後と推定した。同遺跡は墓域を伴っておらず，並列的に展開する集落構成と，居住域と墓域の隔絶化を晩期集落の特徴であると指摘した。なお晩期1a期は大洞B_1式期，晩期1b期は大洞B_2～BC_1式期，晩期2期は大洞BC_2式期，晩期3期は大洞C_1式期に相当する。

また調査区南端の崖線斜面部には，捨て場が形成されている。大規模捨て場の形成は，晩期の拠点遺跡の要件に挙げられ，祭祀・儀礼と結び付いた意図的な遺棄の結果と考えられるが，曲田Ⅰ遺跡では同一地点に遺物の投棄が繰り返されただけでなく，廃絶された住居跡にも多量の遺物が投棄されていた。

曲田Ⅰ遺跡は並列的な集落構成をなし，検出された住居棟数は東北で最大数を誇るが，前述のとおり重複が顕著で同時期に10棟を超えることはなかったと考えられる。また晩期では規模の大きな遺跡の割に，石剣類を除いた土・石製品の出土が少なく，狩猟にシフトした集落（マタギ集落）との評価も提起されている[5]。

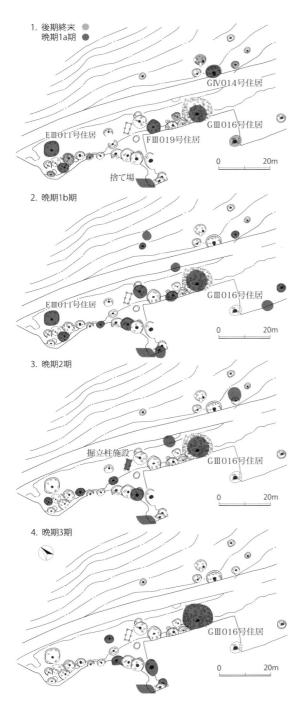

1. 晩期1a期、2. 晩期1b期、3. 晩期2期、4. 晩期3期

図1　曲田Ⅰ遺跡の集落変遷（須藤2003改変）

(2) 青森県八戸市是川中居遺跡の集落構成

是川中居遺跡は新井田川下流域に位置する亀ヶ岡文化を代表する遺跡で、夥しい量の遺物が出土している。とくに南側の特殊泥炭層からは木製品や漆製品が豊富に出土しており、豊かな物質文化の内容を持った亀ヶ岡文化のイメージ形成に大きく寄与した。

是川中居遺跡の低湿地は、遺跡の北側と南側の2ヵ所に存し、大規模な捨て場が形成されていた（図2）。南側の低湿地は「特殊泥炭層」として報告された[6]。特殊泥炭層は人為的投棄による堅果類の堆積層で、大洞B_2〜BC_2式が主体となっており、下層からは木材を「コ」の字状に配置した水場遺構も検出されている。一方、北側の長田沢地区は北東側のⅠ区で大洞C_2〜A（古）式期の捨て場を検出したが、南側のような植物遺体屑の集中は顕著でなかった。

台地部分では縄文後期後葉（十腰内4式期）〜弥生前期（砂沢式期）までの遺構が検出されている（図2）。しかし後世の削平を受けており、遺構の残存状況は良好とは言えない。晩期を3期に区分した集落の変遷は、以下の通りである[7]。

1期（縄文晩期前半）　風張(1)遺跡廃絶後の十腰内5式新段階〜大洞C_1式期までで、是川中居遺跡が最も繁栄した時期である。縄文学習館地点で竪穴住居跡2棟（第1・2号住居跡）が検出され、居住域は引き続き台地の北側に営まれており、近接して墓域が形成され、土坑墓が台地の北側縁辺からⅠ区に向かって半円を描くように配置されていた。また、南側の低湿地には水場遺構や捨て場（特殊泥炭層）が形成され、北側の長田沢でも捨て場の形成が開始される。

2期（縄文晩期後半）　大洞C_2式〜同A'式期が相当する。縄文学習館地点で竪穴住居跡5棟（第3・4・6・9・10号住居跡）が検出され、居住域は北側に営まれているが、土坑墓はK区に集中しており、墓域が台地中央部に移行したと想定され

る。大洞C_2〜A(古)式にかけて北側の長田沢の捨て場の形成が活発化しており，南側低湿地では沢が埋没した後，捨て場3の南岸斜面に沢水を迂回させる導水路として2条の溝が掘削されている。また，南側低湿地へ傾斜したO・Q区では盛土整地層が確認され，その上面に屋外炉跡（第6号屋外炉）と配石遺構（第1号配石遺構）が検出されている。大洞C_2式までに台地の中央部を削平した土砂で整地したと考えられ，同層には大洞C_1〜C_2式土器が含まれており，土地が大規模に改変されたことになる。

3期（弥生前期） 砂沢式期に相当する。台地南東側の新井田川寄りのG区に主体が移り，竪穴住居跡2棟（1・2号住居跡），土器集中地点4ヵ所（土器集中1〜4），埋設土器4基（1〜4号埋設土器）が検出されている。土器集中地点では砂沢式土器（鉢・浅鉢・台付浅鉢・壺・甕形土器）と遠賀川系の壺形土器で構成されており，埋設土器は砂沢式の壺・甕形土器が使用され，とくに赤色顔料や骨粉を内包した4号埋設土器（底部穿孔の壺形土器棺）から碧玉製管玉が10点出土した。

小　結 是川中居遺跡では，縄文後期後葉（十腰内4式古段階）から弥生前期（砂沢式）まで継続的に集落が営まれていたが，近年の調査では後期後葉十腰内5式古段階と晩期末葉大洞A（新）式〜同A'式の土器が少ない。後期の段階には，近くの風張(1)遺跡に主体があり，是川中居遺跡は小規模な分村として機能していたが，晩期末葉に

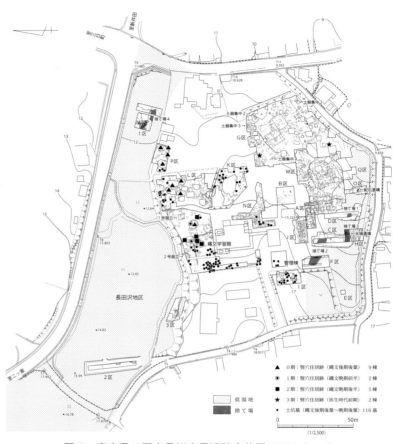

図2　青森県八戸市是川中居遺跡全体図（2500分の1）

は一時的な衰退期が存した可能性も考えられる。また，捨て場からは豊富な出土品が得られている一方，台地上の遺構数はそれ相応とは認めがたいように思われる。

土坑墓は合計で124基確認されており，墓域を主体に水辺に展開した集落の内容が明確にされているが，住居跡は縄文後期後葉が多数を占め，出土品の主体となる大洞BC式期の居住施設は判然としない。晩期の住居跡は掘り方が浅く壁が消失したものが多く，時期の特定は困難であるが，晩期後半の土地改変や後世の削平で消失した可能性も否定できない。集落は風張(1)遺跡が廃絶された十腰内5式新段階以降に本格化し，新井田川下流域の拠点遺跡として長期にわたって機能したが，弥生前期砂沢式期をもって集落は廃絶されている。

風張(1)遺跡と是川中居遺跡は，同じ出自の集団によって営まれた一体の遺跡で，前者から後者へ集団が移住し，縄文後期後半〜弥生前期までの1000年以上にわたって新井田川下流域に中核的な集落が維持されていた。このような長期間の営みを可能にしたのは，当該域が豊富な資源に恵まれていただけでなく，遺跡間交流の要衝になっていたからと考えられる。

2　晩期遺跡の領域について

　亀ヶ岡文化期の遺跡は，拠点となる遺跡とその周囲の規模の小さな遺跡が相補の関係にあったと推定され，半径2.5〜10kmの円周内を1つの拠点集落の単位として生活の領域が営まれていたとすれば，その範囲に小規模集落が点在する状況が看取される。以下では，青森平野の具体的な様相を見てみたい[8]。

　本州最北端に当たる青森平野は，陸奥湾（青森湾）に面した東西約10km，南北約6kmの北に開いた三角形の平野である。図3には晩期の103遺跡をプロットしたが，そのうち青森平野周縁部に位置するのは50遺跡である。晩期前半期（大洞B_1〜C_1式）に限って見ると，東北端の長森遺跡，東南部の玉清水(1)遺跡，西南部の細越遺跡と朝日山遺跡が青森平野の拠点遺跡として抽出され，いずれも平野周縁の山裾付近に約8kmの間隔を置いて位置している。図3の円周は拠点遺跡を中心として半径4kmで描出したが，ほとんど重複することなく等間隔に存している。一定の地理的範囲の中で，核となる集落の生活領域がほぼ半径4kmの範囲で収束していた様相が示唆され，その範囲の中に小規模な遺跡が展開して，遺跡相互で社会的な機能を分有していたと考えられる。

　晩期後半期（大洞C_2式）になると長森遺跡と玉清水(1)遺跡は規模を縮小させるが，周囲の遺跡を含めると晩期終末期まで継続しており，地点を移しながら遺跡群が連綿と維持されていたと考えられる（表1）。長森遺跡群では上野尻遺跡と米山(2)遺跡，玉清水遺跡群では沢山(1)遺跡が該当する。

　細越遺跡は青森平野西端の沖積平野（扇状地）に立地し，捨て場から大洞BC〜A式の土器（大洞C_1〜C_2式主体）が多量に出土している。住居跡は検出されていないが，土偶や土冠，土笛，ヒスイ製玉類などの特殊遺物も出土しており，晩期前葉〜後葉にかけての拠点遺跡であったと考えられる。その西側の丘陵上には，晩期の土坑墓群で著名な朝日山(1)と同(2)遺跡が位置している。前者

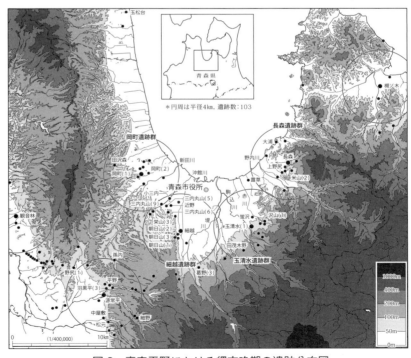

図3　青森平野における縄文晩期の遺跡分布図

では晩期の土坑墓が440基以上，後者では70基以上が調査され，大洞B～C_2式期に構築されたと推定されている。生活の主体が平地の細越遺跡にあり，その背後の丘陵地を墓域とした朝日山遺跡が長期にわたって形成されていたのであろう。また西側の大釈迦丘陵を挟んだ津軽平野東縁の台地上には，土坑墓や大型竪穴住居跡（大洞B_1新式）が検出された源常平遺跡をはじめ，土製仮面や大型竪穴住居跡（大洞C_2式）が検出された羽黒平(3)遺跡，晩期前半の土坑墓80基以上が検出された平野遺跡が位置している。これらの遺跡は正平津川を挟んで1km前後の至近にあり，この一帯に主体を移しながら生活の領域を占有していた様相がうかがわれる。また源常平遺跡から正平津川を4.9km遡った細野遺跡（大洞C_1式主体）と南方3kmの松元遺跡（同式主体）も，同じ遺跡群に包括される。

このように晩期前半期の青森平野には，3～4ヵ所の遺跡群が並存していたと考えられる。拠点と見られる遺跡が8kmの間隔で並存しており，それらを中心とした半径4km圏内がそれぞれの生活領域の範囲であり，拠点遺跡の周囲に小規模な遺跡が展開していたと想定される。また，上記した遺跡群は主体となる地点を移しながら，長期にわたって維持されていたと考えられる。

3 晩期遺跡の転換期について

亀ヶ岡文化は約900年間継続し，一律に安定的に推移したように思われがちだが，各地で異なる繁栄と衰退の経過を辿っていた。すでに1960年代に半田純子[9]により，遺跡の立地や継続性の問題から，晩期中葉における転換期が指摘されていた。以下では，山形盆地における遺跡立地の観点から，大洞A式期の変化を指摘する。

奥羽脊梁山脈の西側に位置する山形盆地は，南北約40km，東西約10～20kmの舟底形の構造盆地で，最上川の中流域に相当する。図4は山形盆地の地形分類図に晩期遺跡をプロットしたが，図4aは晩期前葉～中葉（大洞B～C_2式）の58遺跡，図4bは晩期後葉（大洞A式）～弥生前期の44遺跡を数える。山形盆地の晩期の遺跡は盆地北東部に集中するが，扇状地の扇頂部に立地する遺跡

表1 青森平野およびその周辺の縄文晩期遺跡

遺跡名	遺跡群	後期後葉	大洞B式	大洞BC式	大洞C_1式	大洞C_2式	大洞A式	大洞A'式	弥生前期
長森遺跡	長森		■	■	■	■			
米山(2)遺跡	長森		■	■	■				
上野尻遺跡	長森		■	■	■				
大浦貝塚	長森					■			
玉清水(1)遺跡	玉清水				■				
蛍沢遺跡	玉清水				■	■			
沢山(1)遺跡	玉清水			■	■	■	■		
田茂木野遺跡	玉清水					■			
細越遺跡	細越			■	■	■			
朝日山(1)遺跡	細越			■	■	■	■		
朝日山(2)遺跡	細越			■	■	■	■		
朝日山(3)遺跡	細越				■	■			
葛野(3)遺跡	細越?				■	■			
栄山(3)遺跡	細越?				■				
近野遺跡	細越?					■			
三内丸山(5)遺跡	細越?				■				
三内丸山(6)遺跡	細越?				■				
三内丸山(9)遺跡	細越?					■			
小三内遺跡	細越?					■			
岡町(1)遺跡	岡町				■	■			
岡町(2)遺跡	岡町				■				
田沢森遺跡	岡町					■			
槻ノ木遺跡	槻ノ木		■	■	■	■			
源常平遺跡	源常平				■	■			
羽黒平(3)遺跡	源常平					■			
平野遺跡	源常平			■	■	■			
細野遺跡	源常平				■	■			
野尻(1)遺跡	源常平				■				
中屋敷遺跡	源常平	■							
松元遺跡	源常平				■	■			
観音林遺跡	観音林					■			

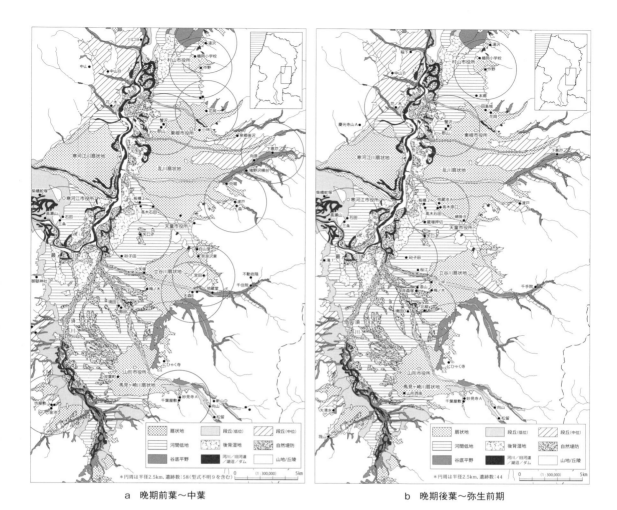

a 晩期前葉〜中葉　　　　　　　　　　b 晩期後葉〜弥生前期

図4　山形盆地の地形分布と縄文晩期の遺跡分布

と，扇端部に立地する遺跡とに分化しており，表流水が地下に浸透し伏流する扇央部にはまったく見られない。とくに立谷川扇状地以北の山麓線には，1〜3km間隔で遺跡が濃密に分布しており，扇頂・側扇部の山際の遺跡と扇端・前縁部の遺跡の間で，緊密な交流関係が存していたと想定される。また，開析の進んでいない馬見ヶ崎川扇状地と寒河江川扇状地には遺跡が少なく，河川を遡った山間河谷に遺跡の分布が認められる。

図4aは山形盆地の大洞B〜C₂式の有力遺跡に，半径2.5kmの円周を描き，それぞれの領域の推定を試みた。盆地北東部に7〜8の遺跡群が設定されるが，宮田・大森B遺跡を除くと，若干の重なりを有しながら，山麓線に沿って連続した様相が看取される。有力遺跡がほぼ5km間隔で位置していたことを示しており，これらの遺跡は盆地底を見渡せる扇頂部に位置する例が多い。山麓部は生態系の境界域に当たり，資源獲得に有利に働いたことと，集落内の人口規模が小さかったことが，近接した遺跡の配置を可能にしたと考えられる。また乱川扇状地の北側の扇端部（蟹沢遺跡）と南側（高木石田遺跡）にも，有力遺跡の領域が設定される。この地域は湧水帯に当たり，豊富な水量を得ることができる。山麓部と扇端・前縁部では

異なった生態系にあり，獲得可能な資源に異同が存したと想定され，相互に資源を補完し合うような対応関係が存していたと考えられる．具体的には花岡遺跡と蟹沢遺跡，渡戸遺跡と高木石田遺跡，宮田遺跡と矢口遺跡の関係が想定される．

山形盆地では晩期後葉大洞A（新）式期になると，前記した山麓部の遺跡が規模を縮小させたのとは対照的に，扇端・前縁部に位置する蟹沢・高木石田・砂子田・北柳遺跡などが盛行しており，弥生時代の稲作受容に先行して沖積低地に主体が移行した様相が観察される（図4b）．後・晩期の水場遺構が検出された高瀬山遺跡では，該期にこれまでとは地点を異にして大型の水場遺構が構築され，トチノキのアク抜き処理が一段と活発化したと考えられることから，遺跡の沖積低地への進出に，湧水帯での食料加工作業が深く関わっていた可能性が想定される．大洞A（新）式期の遺跡の低地化傾向は脊梁山脈を挟んだ仙台平野にも認められ，また福島県域では同期に弥生再葬墓制が成立する．大洞A（新）式期が東北中・南部の亀ヶ岡文化の転換期になっていたことが指摘される．

4　まとめ

集落の構成について曲田Ⅰ遺跡と是川中居遺跡，遺跡分布の在り方については青森平野，遺跡立地の変化については山形盆地を事例として，それぞれの概要を記してきた．晩期では検出された住居跡が少なく，集落の内容が判明した例は極僅かしかない．竪穴住居の掘り方が浅く検出困難で，捨て場や盛土内に構築されたり，平地式が主体であった可能性も考えられる．しかし，集落の規模は縄文中・後期に比べ小さく，拠点となる遺跡でも住居数が同時期に10棟を超えることはなかったと推定され，棟数に応じて構成員も少なかったと見積もられる．小さな単位による分散した居住形態が前提となって，一定の範囲を生活の領域とした定着的な拠点集落と，それを取り囲む小規模な集落が，それぞれ社会的機能を分有した構成をなしており，そのような遺跡群が盆地などの大きな地理的単位の中で，複数並存していたと考えられる．

亀ヶ岡文化期の転換期については，各地でそれぞれの消長が見られ，一律に裁断を下すことはできないが，東北北部では概ね大洞C_2式期，東北中・南部では大洞A（新）式期に存したと想定される．また曲田Ⅰ遺跡では墓域が認められなかったが，晩期において青森，秋田県には共同墓地が多数検出されている．共同墓地を中心とした先祖祭祀や葬祭儀礼が盛行しており，それらが集団の協調や編成に重要な機能を果たし，亀ヶ岡社会の根幹を成していたと考えられる．

註

1) 須藤　隆・小井川和夫「仙台地方の亀ヶ岡文化」仙台市史編さん委員会編『仙台市史 通史編Ⅰ 原始』仙台市，1999，pp.264-280
2) 坪井清足「縄文文化論」『岩波講座 日本歴史1 原始および古代〔1〕』岩波書店，1962，pp.109-138
3) 岩手県埋蔵文化財センター『曲田Ⅰ遺跡発掘調査報告書』岩手県埋文センター文化財調査報告書87，1985
4) 須藤　隆「東北日本における晩期縄文集落の研究」『東北大学文学研究科研究年報』52，2003，pp.1-59（30-88）
5) 金子昭彦「亀ヶ岡文化の住居類型」『亀ヶ岡文化—集落とその実体—晩期遺構集成Ⅰ』2001，pp.67-70
6) 甲野　勇「青森県三戸郡是川村中居石器時代遺跡調査概報」『史前学雑誌』2—4，1930，pp.3-20（237-254）
7) 八戸市教育委員会『史跡是川石器時代遺跡発掘調査報告書』八戸市埋蔵文化財調査報告書135，2012
8) 小林圭一「縄文時代後・晩期を事例とした遺跡分布」安斎正人編『理論考古学の実践Ⅱ 実践篇』同成社，2017，pp.296-330
9) 半田純子「東日本縄文時代晩期前半から後半への移行期にみられる変化についての一考察」『明治大学大学院紀要』4，1966，pp.717-724

安行文化の解体と亀ヶ岡文化

鈴木加津子

1 はじめに

　縄紋晩期後葉期の日本列島は，西日本の突帯文系土器と東日本の広義亀ヶ岡式系土器とに二分化されつつ，その中間の東海地方から北陸地方にかけては新たな接圏現象が定着している。

　縄紋晩期中葉期の関東地方では地方的特色を有する安行式土器の伝統が途絶えて南奥大洞式系土器型式の貫入が進展するが，この現象を詳しく述べるならば以下のとおりである。

　縄紋時代後期後葉期～晩期中葉期の関東地方に展開した安行式土器は，後期安行1式，2式の頃，北関東を中心に主に福島県に分布した，いわゆる瘤付土器の伴存が目立つようになり，晩期初頭安行3a式期には南奥系土器の顕著な進出によって土器型式の様相を大きく変えていく。その動向は，安行式最後の土器型式である安行3d式期に至るまで見られる。つまり関東地方の縄紋晩期は，とくに隣り合った南奥土器型式との連絡，交渉により変化し続けてきた。そして，晩期中葉期の安行3d式期を最後に永く伝統を継承してきた安行式土器は終焉を迎える。以降「南奥大洞C_2式」終末期の土器型式にとって替わり，次に関東地方を安定的に席捲する土器型式は「千網式」と呼ばれるいわゆる浮線文土器とされる。

　千網式は大洞A式期に南奥と関東・中部地方に大きな浮線文土器文化圏を形成し，地方差を形成しながら縄紋時代の最終段階へと向かう。

　ここでは安行式土器の解体を経て，如何に日本列島の土器文化が東日本と西日本に二分化されつつ，中間地方に接圏現象を形成するに至るか，関東地方大宮台地における「前窪式」の出現からその実態を明らかにする。

2 安行式の終焉と「前窪式」の出現

　晩期中葉期の南奥大洞C_2式土器は，大略5期に細別される（表1）。

　安行3d式が南奥大洞C_2式Ⅲ期と伴存する状況は安行3d式分布圏北縁の群馬県明和町矢島遺跡[1]の事例が示している。矢島遺跡では安行3d式と，南奥大洞C_2式Ⅲ期新段階の（浅）鉢が纏まっている（図1-1～10）。11は安行3d式の壺で，体部に太く深い沈線による「エ」字状対称構成の文様に沈線文を充填している。

　Ⅲ期新段階以降の北関東では（浅）鉢などの出現がとくに著しいが，大宮台地でもそれ以前の南奥大洞C_2式土器と比べて出土例が目立つようになる。矢島遺跡では南奥大洞C_2式Ⅳ期以降の（浅）鉢は数点認められるに過ぎない。安行3d式の主体がⅣ期に伴存する確実な例はほとんど見られず，Ⅴ期には安行3d式は消滅していると考え

表1　安行3d式と南奥大洞C_2式の細別[2]
　　　（「前窪式」を追加）

安行3d式	Ⅰ期	前浦1	南奥大洞C_2式Ⅰ期
	Ⅱ期	前浦2	南奥大洞C_2式Ⅱ期
	Ⅲ期	前浦3	南奥大洞C_2式Ⅲ期
	Ⅳ期		
杉田Ⅱの一部			南奥大洞C_2式Ⅳ期
			南奥大洞C_2式Ⅴ期
「前窪式」	（古）		南奥大洞A_1式初頭
	（新）		

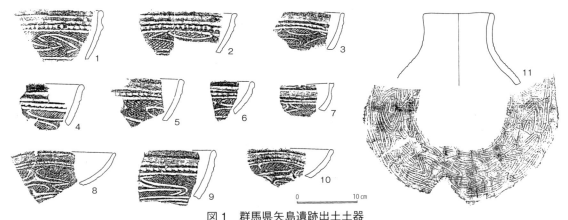

図1　群馬県矢島遺跡出土土器

ている。

　図2-1〜3は東京都調布市下布田遺跡[3]の方形配石遺構出土の安行3d式Ⅱ期の深鉢2例と東海地方経由の西之山式期の突帯文系浅鉢である。

　4・5は神奈川県杉田遺跡[4]の南奥大洞C_2式Ⅴ期の浅鉢と東海系の無文鉢形土器である。

　この2遺跡例は東海東部に近い関東南西部における晩期中葉期の安行3d式期と，安行3d式終焉後の大洞C_2式期最終末の様相を示している。

　では，大洞A_1式期を迎えた関東地方の状況は如何なるものか。

　図3〜図5は埼玉県さいたま市前窪遺跡[5]出土の仮称「前窪式」土器である。

　前窪遺跡は1976（昭和51）年の第1次調査以来，2016年までに11回の調査が行なわれ，縄紋時代後期初頭〜晩期後葉期の集落遺跡であることが判明している。

　この遺跡は，初めて紹介された1973年当時から大宮台地ではめずらしく，多くの浮線文土器が出土する遺跡として注目された。1993年の第3次調査と2008（平成20）年の第6次調査において晩期中葉期〜後葉期の遺物が出土したが，第6次調査ではこの遺跡に窪地が存在することが判明し，窪地からは中葉期〜後葉期を中心とした多くの遺構や遺物が検出された。このことによって，大宮台地における安行3d式以降，南奥大洞C_2式終末期〜大洞A_1式期に至る土器群の推移が判明した。第3次調査報告書において，出土した大洞A_1式期初頭の土器群については，千網式の浮線文より古いことから「前窪式」と仮称した。

　図3-1〜4は，内彎した口縁部の肩にメガネ状小突帯を持つことを特徴とする（浅）鉢形土器である。小突帯は南奥大洞C_2式Ⅳ期・Ⅴ期の（浅）鉢形土器の肩に付されるメガネ状突帯が変遷したものと考えられる。小突帯下の体部には数条の横線が施文される。内彎した口縁部内面には，沈線による段がめぐるものもある。これらの中には，4のように肩のメガネ状小突帯が下段の小突帯と

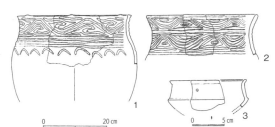
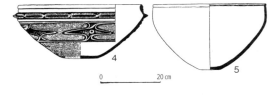

図2　東京都下布田遺跡方形配石遺構出土土器（1〜3）・神奈川県杉田遺跡出土土器（4・5）

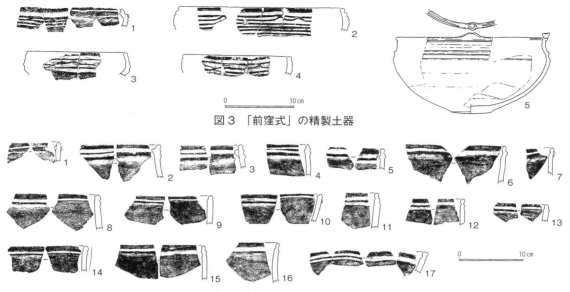

図3 「前窪式」の精製土器

図4 「前窪式」の半精製土器

交互に結合して浮線文を彷彿とするように構成されたものも見られる。

5は口径約22cm，器高約12cm，薄手の作りで，口縁部に突起を有し，肩に強いナデによる段を持つ鉢形土器である。幅広の口頸部は少し外反し，体部はいくぶん丸みを帯びる。器面は無文で丁寧なナデ整形を施す。口縁部の突起や丸みのある体部などは南奥大洞 C_2 式の伝統が強いが，類例については管見に触れない。

図4は口縁部文様帯として2～3条の凹線を調整することによって1～2条の凸線を作出する半精製土器で，器面からわずかに隆起したように見える平行横線文が特徴である。口縁部内面にも1条の凹線がめぐるほか，外面同様の作出手法による段状の凸線が1条見られるものがある。器面は丁寧なナデ整形が行なわれ，研磨されたものもある。多くは深鉢形をするが，17のような（浅）鉢

も見られる。1は表裏に貼付状の突帯を持つもので，1点出土している。表裏突帯のものについては，後述する長野県下の2遺跡にも複数の例が見られる。

以上が「前窪式」とした精製土器および半精製の概要である。これらの成り立ちについては，長野県松本市女鳥羽川遺跡[6]出土土器を指標とする「女鳥羽川式」との関係に有意である一方，次に述べる粗製土器の定着も含めるならば，大洞 A_1 式期初頭（浮線文以前）の大宮台地における土器型式と位置付けられるものである。

「前窪式」の粗製土器は，前代の南奥大洞 C_2 式V期の埼玉県ささらⅡ遺跡[7]例や，千葉県石道谷津遺跡[8]例，次に触れる「前窪式」新段階とした北宿西遺跡[9]出土土器などから，図5のような折返し状の口縁部と体部とに撚糸文が施文されたもので，肩に段を持って頸部を無文とするもの

図5 「前窪式」の粗製土器

や，括れのない類が考えられる。

　第3次調査報告書中，「前窪式」には古新2段階の土器群が存在すると記した。前窪遺跡の東約1kmに所在する北宿西遺跡の晩期終末の土器群について「前窪式」新段階としたものである。地文に縄紋をもつ鉢や深鉢，口縁部に3条の凸線を作出した鉢形土器，突帯文土器類似の深鉢，折返し口縁部に撚糸文の施文された粗製土器，肩に段を有し，体部に条痕文が見られる深鉢，メガネ状小突帯をもつと思われる精製土器の小片などがある。土器群中に明確な浮線文土器が見られないという特徴から，これらを大宮台地における浮線文以前のものと捉え，南奥大洞A_1式期初頭の「前窪式」に古新2段階の階段を想定したものである。

3　中部地方の大洞A_1式期初頭の精製土器

　図6は女鳥羽川遺跡および同県大町市一津遺跡[10]出土の南奥大洞A_1式期初頭のメガネ状小突帯をもつ（浅）鉢形土器である。両遺跡からは図4に類似する半精製土器も多くみられるが，ここでは精製土器である（浅）鉢形土器のいくつかを取り上げる。

　肩に小突帯を持つ（浅）鉢形土器については一津遺跡に女鳥羽川遺跡を上回る資料の充実が見られる。1〜4は一津遺跡出土，5〜7は女鳥羽川遺跡出土土器である。1・5〜7のように口縁部が内彎し，肩にメガネ状小突帯をもつ（浅）鉢に加え，2・3のように幅広い無文の口頸部が「く」の字に屈曲し，肩に小突帯を持つ（浅）鉢が見られる。2・3のような愛知県馬見塚F地点[11]系の（浅）鉢から変遷する形態は，前窪遺跡には見られない。地方的系統である。

　4の一津遺跡出土土器は「く」の字に屈曲した肩に突帯が見られる無文の（浅）鉢である。器形は1などより2や3に類似して五貫森式に近い。幅広の口頸部はいくぶん反るように立ち上がっている。肩に無文の突帯が見られる。体部文様としての横線文はない。前窪遺跡の図3-5に類似するが，口縁部突起の存在や，器形など異なる点がある。

　7の女鳥羽川遺跡出土例は肩の小突帯が交互2段に結合して浮線文を彷彿とさせる。図3-4の前窪例と類似することから変遷を共有している。

　このように，「前窪式」と「女鳥羽川式」の構成には肩に小突帯を持つ（浅）鉢や，肩に突帯のめぐる無文の（浅）鉢形土器のほか，口縁部文様帯に1〜2条の凸線を持つ半精製土器が一翼を担っている。

　女鳥羽川式の成立については直前の土器型式に不明の部分もあるが，大洞A_1式期初頭の大宮台地の「前窪式」と，中部地方の「女鳥羽川式」という2地方における在地土器型式の共通した出現

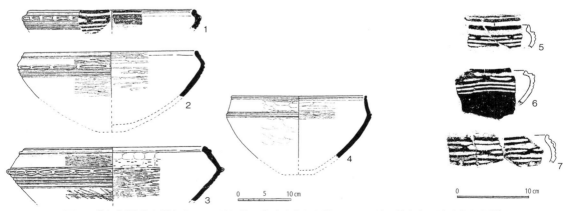

図6　「女鳥川式土器」（1〜4：長野県一津遺跡出土土器　5〜7：長野県女鳥羽川遺跡出土土器）

プロセスは，日本列島の中央部において，それぞれ南奥，東海地方という隣り合った土器型式文化圏との交流を通じた共通性と地方差とによる接圏現象に由来している。

しかし，この大洞A_1式期初頭の大宮台地と中部地方の接圏文化も永くは続かず，次期，浮線文土器の席捲によって一掃されることとなる。

4 まとめ

晩期中葉期を皮切りに，西日本突帯文系土器文化圏では，九州地方から瀬戸内方面にかけて水稲農業が認められる。東海地方の晩期中葉期では，馬見塚遺跡F地点を標識とする南奥系精製土器群定着の時期を経て，続く晩期後葉大洞A_1式期初頭にも南奥系精製土器を組成して受容した五貫森貝塚同様の型式構造を共有して展開する。

新潟県では「鳥屋1式」，中部地方では「女鳥羽川式」が設定されている。関東地方では，これまでその時期に対応すべき土器型式が認められなかったが，大宮台地の「前窪式」によりその間の変遷がより鮮明に捉えられるようになった。

安行3d式終焉の後，大宮台地は南漸した南奥大洞C_2式Ⅳ・Ⅴ期の土器群に席捲され，東日本が大洞A_1式期を迎える頃には，在地の南奥系土器が新たに中部地方の「女鳥羽川式」半精製土器の影響を受け「前窪式(古)」が生成される。その後「前窪式」は北宿西遺跡に見られるように，平行横線文土器の変化と共に，東海以西類似の突帯文系土器の伴存という大洞A_1式期の地域的様相をより明確にしていく。

南奥大洞C_2式Ⅴ期以降，浮線文成立以前の大洞A_1式期初頭には少なくとも2段階の土器型式の変化を経ることが，大宮台地の晩期後葉期の遺跡出土例からうかがえる。浮線文以前の大宮台地の遺跡状況は今のところ痕跡的であるが，この間の南奥大洞A_1式の構造的進出と中部地方半精製土器群の影響という，土器型式の構成のうちには

図7　千葉県荒海貝塚C地点の前浦式土器

大きな変動が認められる。

この直後，中部地方と関東地方という列島中央部で成立する千網式の浮線文土器文化圏，およびその西に確立した東海地方条痕文系土器文化圏という列島中央の接圏文化圏はその背後もそれぞれ緩やかに二分されて，東方に広義亀ヶ岡式系土器文化圏，西方に突帯文系土器文化圏となる実態が明らかになってきた。

最後に安行式文化圏の一角を担う千葉県を中心とした東関東地方の晩期中葉期～後葉期の状況も確認しておく(図7, 図8)。

東関東については北に茨城県を控え，福島県浜通り系の南奥大洞式土器群の南下が著しい地方である。東関東は晩期中葉期，磨消縄紋が発達する前浦式土器が分布する。前浦式の終末期が南奥大洞C_2式Ⅲ期と伴存することは，千葉県成田市荒海貝塚C地点[12]の出土状況から推定できるが，前浦式の最終末と安行3d式の最終末，そして南奥大洞C_2式Ⅳ期の関係は今後にまつ部分がある。

続く南奥大洞A_1式期初頭には，神奈川県杉田・桂台遺跡の報告を初出とする浜通り系の土器型式の影響を持つ「桂台式」[13]がある。該期，東京湾岸では市原市能満上子貝塚や館山市安房神社洞窟遺跡などから，五貫森式系とされる浅鉢や貼付突帯の深鉢が認められる。大宮台地で「前窪式」が生成される状況とは連絡，交渉関係が異な

図8　神奈川県桂台遺跡出土土器

っていることにも注意が必要である。

　なお，前窪遺跡の「前窪式」は破片で検出されたものが多く，墓址など生活址については必ずしも明確ではない。「前窪式」については現在のところ出土遺跡やまとまった資料数は少なく，注意深い抽出以外，その把握は難しい状況にある。しかし，注目すべきは，前窪遺跡以外でも安行3d式～南奥大洞C_2式終末期の土器を出土する遺跡においては少数であるが，引き続き「前窪式」に相当する小突帯をもつ浅鉢や半精製土器の破片などが認められることである。そうした痕跡的な状況を丹念に追求することによって安行3d式後，南奥大洞C_2式終末期～南奥大洞A_1式期初頭，浮線文以前の大宮台地における接圏文化動向が見えてくる。

註
1) 群馬県邑楽郡明和村教育委員会『矢島遺跡発掘調査報告書』1991
2) 縄文セミナーの会『第5回 縄文晩期の諸問題』1992, pp.1-52
3) 東京都調布市教育委員会『調布市下布田遺跡』1981
4) 杉原荘介・戸沢充則「神奈川県杉田遺跡および桂台遺跡の研究」『考古学集刊』2-1, 1963, pp.17-48
5) 浦和市遺跡調査会『前窪遺跡発掘調査報告書』第3次, 1996
　　さいたま市遺跡調査会『前窪遺跡（第6次・第7次）』2016
6) 長野県松本市教育委員会『女鳥羽川遺跡緊急発掘調査報告書』1972
7) 鈴木加津子「安行式文化の終焉（四・完結編）」『古代』95, 早稲田大学考古学会, 1993, pp.253-310
8) 前掲註7と同じ
9) 浦和市遺跡調査会『北宿西・北宿南遺跡発掘調査報告書』1986
10) 長野県大町市教育委員会『一津』1990
11) 前掲註7と同じ
12) 西村正衛「千葉県荒海貝塚C地点発掘報告」『学術研究』14, 1965, pp.133-152
13) 鈴木加津子「「桂台式」考―利根川流域の浮線文以前―」『利根川』18, 1997, pp.38-43

参考文献
鈴木加津子「安行式文化の終焉（一）」『古代』90, 早稲田大学考古学会, 1990, pp.74-100
鈴木加津子「安行式文化の終焉（二）」『古代』91, 早稲田大学考古学会, 1991, pp.47-100
鈴木加津子「前浦式研究の一視点」『利根川』12, 1991, pp.39-43
鈴木加津子「安行式文化の終焉（三）」『古代』94 早稲田大学考古学会, 1992, pp.160-181

＜なお，挿図の遺跡は註文献としたが，そのほかの遺跡については前掲註7を参照されたい。＞

北陸の縄文晩期社会と社会組織
―― 掘立柱建物集落の形成とクリ材利用からの視点 ――

荒川隆史

1 はじめに

　北陸東部の新潟県域では，縄文時代晩期に掘立柱建物で構成される集落が主体を占める。山形県境近くの村上市元屋敷遺跡では竪穴建物23棟・掘立柱建物62棟，長野県境に近い上越市籠峰遺跡では竪穴建物9棟・掘立柱建物35棟である。両者とも後期～晩期の幅を持つものの，掘立柱建物が環状に配置され，墓域や配石遺構を伴う亀ヶ岡文化期の代表的な遺跡である。こうした掘立柱建物主体の集落は，山間部や丘陵部のみならず，平野部においても顕著である。その代表的なものが越後平野北部で発見された新発田市青田遺跡である。掘立柱建物58棟からなる集落は，標高0m前後の河川の両岸に帯状に配置され，環状を成さない。特筆されるのは，木柱458点が出土したことであり，建物平面の確定や樹種の選択などが明らかになった。さらに，木柱の年輪解析によって建物の暦年代が明らかになり，集落形成の具体像を明らかにすることが可能となった。

　ここでは，晩期の掘立柱建物型式の特徴を示したのちに，青田遺跡の集落形成過程を復元する。そして，集落形成に欠かせないクリ材の利用から当時の社会組織に接近することとしたい。

2 晩期における掘立柱建物の型式と地域性

　新潟県および東北地方の後期～晩期の掘立柱建物について，柱穴配置を基準にA～H類に分類した（図1)[1]。これらを時期別・地域別に見た場合，いくつかの特徴を見出すことができる。東北地方では，後期前葉に北部の環状列石と共に亀甲形のD類が確認される事例が多い。主体は長辺が長いD1類と短いD3類であり，長方形のA1・A2類が伴う。このうち，D3類は後期に盛行し，晩期に衰退する。東北地方ではこの衰退とともにD類自体が減少し，代わって晩期にA類が主体となる。A類主体の遺跡は東北地方全域におよび，新潟県境に近い山形県小国町下叶水遺跡もA類で占められる。

　一方，後期の新潟県域ではA類のほかに平面5角形のC類や，亀甲形で3基以上の側柱を持つE類，E類の主軸上に屋内柱を持つF類が主体を占める。D類が多くなるのは後期後葉以降であり，東北地方と時期差が生じる。しかし，D類は晩期の主体であり続ける。また，晩期に東北地方で主体となるA類は少数であり，明確な地域性が存在する。土器様相を見た場合，亀ヶ岡文化の影響が強い新潟県下越・中越地域でもこうした状況は変わらない。東北・新潟の竪穴建物が円形4本柱を主体とするのとは対照的である。

　さらに，晩期の新潟県域では亀甲形に張り出し柱が付属する独特の型式が出現する。三条市藤平遺跡A地点で初めて確認され，青田遺跡で確実になったG類である。平面形はE2類やF2類に類似するものの，張り出し柱の柱径がほかより小

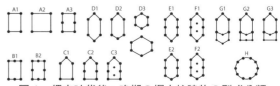

図1　縄文時代後・晩期の掘立柱建物の型式分類

さいことや母屋の側柱が2基のみである点が異なり，後期に主体的なE・F類にD1類が結びついた可能性がある。G類は晩期前葉の胎内市野（や）地遺跡を最古とし，秋田県にかほ市ヲフキ遺跡に可能性が高いものがある。さらに，晩期中葉の奈良県御所市観音寺本馬遺跡にG3類を確認でき，西日本を含む広域に分布する可能性がある。

北陸西部では，石川県金沢市チカモリ遺跡などの再検討によって，晩期の建物型式が整備された[2]。円形のH類が主体を占めるが，亀ヶ岡文化圏から見て注目されるのは多数のD類が存在することである。しかも，後期の典型であるD3類や，G類との関係が深いD2類も確認できる。こうした状況は，新潟県域と連動している可能性を強く示唆する。観音寺本馬遺跡では，チカモリ遺跡H類で普遍的な半割柱も出土しており，新潟から北陸西部を経由して近畿地方に達する過程を考えるうえで極めて重要である。

3 青田遺跡の集落形成

(1) 集落の暦年代

青田遺跡の晩期集落は下層（鳥屋2a式）と上層（鳥屋2b式・大洞A'式）に分かれる（図2）。

掘立柱建物はA1類4棟，D1類15棟，D2類12棟，G類27棟である。主屋の面積から大型（15㎡以上）・中型（8～15㎡）・小型（8㎡以下）に分類できる。木柱の耐久性などから大・中型は恒久的な居住施設，小型は作業施設と考えられる[3]。

クヌギ節などの木柱の年輪年代学的解析が行なわれ，同時期の掘立柱建物が2グループあることが明らかにされた[4]。そして，BC466年に枯死した鳥海山の埋没スギ[5]の年輪酸素同位体比変動パターンに青田遺跡のものを照合した結果，高い確率で一致し，暦年代を特定することに成功した[6]。

同じ建物の木柱は同一年に伐採されることから，伐採年を建物の建築年として集落の形成過程を復元することとする。下層集落は，SD1420右岸地区でBC540年の木柱P9834が確認されており，この頃に集落形成が始まったと考えられる。そして，BC538にSD19右岸地区のSB1，BC534にSD1420左岸地区のSB27，BC533にSD19左岸地区のSB40・(36)，BC532にSB39，BC531にSB38・(43)，BC530にSD1420右岸1地区のSB31，BC529にSB5・32・(37)，BC522にSB41が建築される[7]。このほか，年代不明のものが6棟ある。以上から，下層集落はBC540年～BC522年の19年間に及ぶことが確認された。

上層では，BC477にSD1420右岸2地区のSB9・(20)，BC476にSB7・10・12とSD1420右岸3地区の21・23，BC475にSD1420左岸地区のSB47，BC472にSB11，BC469にSB24，BC468にSB30が建築される。ほかに，年代不明のものが26棟ある。上層集落はBC477～BC468の10年間程度であることが分かった。

なお，建築季節の推定によってクリ材を用いた大・中型掘立柱建物は秋～早春前に，そのほかは早春～秋に建築されるものがあることから，青田集落は通年居住と考えられる[8]。

(2) 集落の形成・移動・回帰

次に，掘立柱建物の建築年代から集落形成の具体像を見ることとする。下層集落ではSD19左岸地区でSB40・39・38が共通の主軸方位で約5mの間隔を空け，1年ごとに建築される。これらをグループAと呼ぶこととする。また，SD1420右岸地区でもSB31・5・32が2年間で同じ主軸方向で等間隔に建築される。これらをグループBと呼ぶ。SB5・32は同一年の建築だが，木柱の伐採季節の検討からSB5は新緑の頃，SB32は初夏～秋～翌年の早春前と推定される。

これら2グループからは，次の重要な意味を読み取ることができる。第一に，両グループとも居住施設と考えられる大・中型建物からなり，これを家族単位と見るならば，異なる家族が年月を違えて建物を建築したことである。また，両グルー

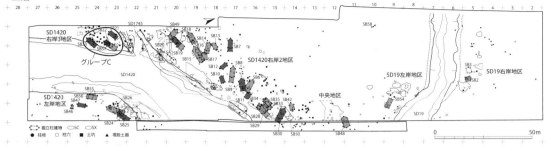

図2 青田遺跡の集落変遷

プの開始年にも3年間の差が存在し，集落形成が同一年に行なわれていないことを示している。

　第二に，各グループの建物は共通の主軸方向で等間隔に配置されることから，一定の規制を有する1つの有機的なまとまりと見なし得ることである。グループAはSB36・37も含まれ，5年間程度は継続したと考えられる。また，グループBには最大のSB4が加わる。両グループとも現状では4棟程度のまとまりである。

　上層集落でも同年に建築されたSB21・23と主軸方向を合わせるSB22の3棟からなるグループがある。SB22は層位からSB21・23より数年前に建築されたと考えられ，これらと同時に建物の北側でクリ果皮の大量廃棄が始まる。そして，建物の廃絶とともにクリ果皮の廃棄も終わり，その年数は5年程度と推測される。まさに，生業を共にしたグループの姿が浮かび上がる。

　以上から，集落は複数のグループが数年をかけて形成したと考えられる。これらは環状集落における「分節構造」と「出自集団」[9]に相当する可能性がある。

　一方で，こうしたグループとは異なるものにSB7・9・10・12がある。これらは2年間で建築されているが，近くの建築年代が不明なSB8を入れても，SB12を除き主軸方向を西方に向けているほかは規則性が認められない。また，SB7・9は中型建物，SB10・12は小型建物であり，中・小型の組み合わせも先のグループとは異なる。これらはSB21〜23のグループCと同時期であることから，集落内には規制の強いグループとそうでないものの両者が共存していた可能性がある。

　さて，初期に複数のグループが数年かけて形成した下層集落は，地震や液状化の影響も受けて移動したと考えられる。そして，約40年間の空白期間を挟んで下層集落と同じ場所を選び，再び複数のグループが上層集落を形成した。つまり，この集団には回帰性が認められるのである。下層および上層集落の形成過程に大きな差はなく，下層集落も別集落からの移動先であった可能性がある。

(3) 集落形成のためのクリ林形成

集落から集落への移動で考えなければならないのは，建築に必須のクリ材の確保である。木柱の樹種は438点のうちクリ34.9％，クヌギ節20.1％，コナラ節18.3％，ヤマグワ9.6％，その他17.1％であり，クリの比率は決して高くはない。しかし，クリは下層25％に対し，上層では42％に増加している。氾濫原から陸地化して間もない下層集落ではクリ資源が乏しかったものの，上層集落では約10年間で112点のクリが木柱として利用されており，建築材として大量伐採が可能なクリ林が完成域に達したことを示している。クリの成長速度がコナラ節の約3倍，クヌギ節の約3.7倍であることも考慮すれば，クリ林は人為的に形成されたと考えられる[10]。

クリ林の形成過程を調べるために，心が残るクリ材について，伐採年から逆算して得られる萌芽年を暦年代上に位置付けてみる[11]。伐採年が不明なものは，表層年を下層はBC540，上層はBC477に合わせた。個体によっては最外年輪が削れているものも含む。その結果，下層の定着年はBC590～BC560ころ，上層の定着年はBC520～BC490ころで，定着期間は下・上層とも30年間程度であることが分かった（図3）。一方，コナラ節・クヌギ節の定着年は下層がBC646～BC564，上層がBC562～BC518で下層と上層の定着時期が重なり，クリとは明らかに異なる。

上層集落で利用されたクリは下層集落の移動から間をおかずに萌芽し，その後30年間ほど途切れることなく萌芽し続けている。クリ材は樹齢ではなく，直径を基に伐採個体が選択されており[12]，建物規模に合う木柱の確保には様々な直径のクリが必要である。30年間という継続的な定着期間はこのために必要だったと考えられる。

そして重要なのは，クリの生育期間が下層・上層とも集落の空白期間と一致することである。つまり，集落のない場所でクリ林が人為的に形成され続けていたのである。さらに，下層・上層とも最初の定着年から最初の伐採年までは50年間程度であり，空白期間の年数ともほぼ一致する。したがって，クリ生育期間を50年間程度，集落形成期間を10～20年間程度，合計60年間程度のサイクルで移動と回帰を繰り返していた可能性を考える必要がある。

このように，集落の移動先にあらかじめクリ林を準備することは，複数のクリ林を循環利用していた可能性を示唆する。こうしたクリ利用のあり方は，伐採することによって萌芽を促し，再生期間を計算して同じ場所のクリ林を循環利用するかたち＝「クリ林経済」[13]を実証するものである。ただし，一斉萌芽は認められないことから，これを発展させた形態と評価したい。

4　越後平野周辺における晩期集落の展開

(1) 青田遺跡と藤平遺跡

青田遺跡の集落形成を踏まえ，同型式の掘立柱建物を採用する丘陵部の藤平遺跡の集落形成を検討する。藤平遺跡は掘立柱建物19棟が東西約73mの範囲に環状に巡る（図4）。掘立柱建物の内訳はA1類2棟，D1類4棟，D2類5棟，G1類8棟であり，大型は6棟，中型は13棟である[14]。

建物はG1類が張り出し柱側を，D2類は主軸柱の突出が短い方を中央側に向ける規則性が認められる。さらに，主軸方向は2・3号，6・7号，8・9号，14・15号，16～19号の組み合わせで概

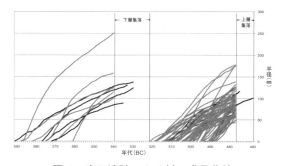

図3　青田遺跡のクリ材の成長曲線

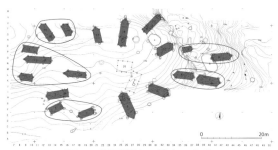

図4　藤平遺跡A地点の集落

ね共通している。こうした特徴や大・中型建物で構成されること，建物の重複がない点は青田集落のグループの特徴と重なる。建物跡出土土器は鳥屋2a式を主体とし，一部に鳥屋2b式も確認できるが，鳥屋2a式の古相や鳥屋2b式後半の浮線文とこれに伴う大洞A'式を確認できず，土器型式からも集落形成期間は長くないと考えられる。

丘陵部の集落も短期間の集落形成と移動が行なわれていたとすれば，越後平野周辺では低湿地と丘陵部とが連動する，あるいは類似するサイクルで集落形成が行なわれていた可能性がある。

（2）クリ材利用率から見た集落形成

掘立柱建物の木柱のクリ材利用率と，樹木花粉を基数としたクリ花粉出現率は相関が認められる（図6）。青田遺跡のクリ材は全体の34.9％，クリ花粉出現率の最も高い値は21％である。また，クリ材の初期10年の平均直径は9.6cmである。晩期後葉を主体とする新潟市御井戸A遺跡は微高地から台地縁辺に立地する。直径10〜60cmの木柱88点すべてがクリ材であり，クリ花粉は75％の高率を示す。後期中葉〜晩期前葉の胎内市野地遺跡ではクリ材の比率は82％，クリ花粉出現率の最高値は79％であり，いずれも高い。また，初期10年の平均直径は11.0cmで，青田遺跡を上回る。一方，胎内市昼塚遺跡は中・小型掘立柱建物9棟が確認され，木柱28点のうちクリ材は1点しかない。クリ花粉出現率も0.02％，初期10年の直径は5.4cmであり，青田・野地遺跡に比べかなり低い。

図5　越後平野周辺の晩期遺跡の位置

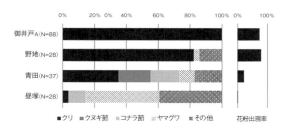

図6　木柱の樹種組成とクリ花粉出現率

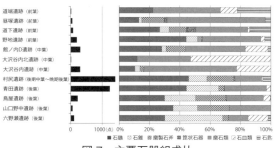

図7　主要石器組成比

このような遺跡間の差は，主要石器組成比においても認められる（図7）。1類－石鏃が40％を超える野地遺跡・新発田市村尻遺跡・青田遺跡，2類－石鏃が25％以上で磨石・石皿・石匙の合計が50％以下の胎内市道下遺跡・新発田市館ノ内遺跡D地点・新潟市鳥屋遺跡・阿賀野市山口野中遺跡・同市六野瀬遺跡，3類－磨石・石皿・石匙の合計が65％以上の胎内市道端遺跡・昼塚遺跡・新潟市大沢谷内北遺跡・同市大沢谷内遺跡に分類できる。1類は大規模集落，2類は中規模集

落，3類は小規模集落が主体を占める。大規模集落では青田遺跡のような長期で計画的なクリ林形成が行なわれ，小規模集落はクリ林を持たない短期的・季節的な集落と推定される。集落規模の差は集落周辺に形成されたクリ林の規模の差として表れ，集落の継続期間や生業に影響を与えたものと考えられる。

5　おわりに

　青田集落では60年間程度のサイクルで移動と回帰を繰り返していたが，50年間程度の移動期間中はどうしていたのであろうか。クリ林を循環利用していたならば，青田集落のほかにも複数のクリ林を形成していたと考えてよい。ここで，50年間程度に2～3ヵ所の大規模集落を形成し移動したとする仮説を提示する。クリ林を複数確保することは，低湿地という不安定な環境下で安定した集落形成を可能とする。そして，広域に及ぶ複数かつ長期的なクリ林の形成・管理は個別のグループによるものではなく，青田集落を形成した各グループの総体である集団によって為されたと考えられる。集落の各所でクリ材が利用されていることは，クリ林が集団内で共有されていたことを裏付ける。

　中・小規模集落はどのような位置づけになるのであろうか。野地遺跡に対し道下・昼塚・道端遺跡が断続的に並行関係にあることから[15]，大規模集落に中・小規模集落がセットになると考えられる。大沢谷内遺跡では竪穴建物2棟単位で4期の変遷が想定されているが，この棟数は青田集落のグループより少なく，中・小規模集落にはグループをさらに細分した小グループ，あるいは家族単位が短期的・季節的に分散居住していた可能性がある。青田集落のグループが年を違えて移動していたのも，こうしたことが背景にあるのかもしれない。

　本稿は掘立柱建物とクリ材利用の観点から社会組織について考えたが，ほかの遺構や遺物などを加え総合的に検討すべき課題が多く残る。

註

1) 荒川隆史「掘立柱建物と建材」『縄文時代の考古学』8，雄山閣，2009
2) 布尾和史「北陸縄文時代晩期の建物跡について―建物類型と集落跡における建物類型の構成―」『石川考古学研究会々誌』55，2012
3) 前掲註1に同じ
4) 木村勝彦・斎藤智治・中村俊夫「青田遺跡における木柱の年輪年代学的解析による建物群の年代関係の検討」『青田遺跡 関連諸科学・写真図版編』新潟県埋蔵文化財調査報告書133，2004
5) 光谷拓実「年輪年代法と文化財」『日本の美術』421，至文堂，2001
6) 木村勝彦・荒川隆史・中塚　武「鳥海山の神代杉による縄文晩期をカバーする年輪酸素同位体比の物差しの作成と実際の適用例」『日本植生史学会大会第27回公演要旨集』2012
7) （　）のものは最外年輪の年代ではないため，これより数年新しい可能性がある。建物の暦年代の詳細については，別稿を準備中である。
8) 荒川隆史・千代剛士・木村勝彦「新潟県青田遺跡における縄文時代晩期の木柱の伐採季節」『新潟県立歴史博物館研究紀要』16，2015
9) 谷口康浩『環状集落と縄文社会構造』学生社，2005
10) 前掲註4に同じ
11) クリ材の年輪解析は木村勝彦による。
12) 荒川隆史「遺跡出土クリ材からみた縄文クリ林の生育環境」『公益財団法人新潟県埋蔵文化財調査事業団研究紀要』8，2015
13) 山田昌久「縄文・弥生幻想からの覚醒―先史社会研究における狩猟・採集・育成技術の経済構造化論―」『現代の考古学2　食料獲得社会の考古学』朝倉書房，2005
14) 前掲註1を再検討した結果である。
15) 渡邊裕之「新潟県北東部における縄文晩期前葉の土器群―野地遺跡出土土器の検討を中心に―」『新潟県の考古学Ⅱ』新潟県考古学会，2009

※遺跡発掘調査報告書を除く主要な文献のみを掲載した。

北海道の縄文晩期社会の特質
—— 道内地域差と遺構，遺物の文化 ——

澤田恭平

1 はじめに

　北海道の縄文晩期の遺跡は，新千歳空港関連および苫小牧東部工業地帯の開発や高速道路，国道整備などに伴い，現在までに相当数が確認されている。各遺跡からは，在地の土器型式に混じって東北の亀ヶ岡式やその影響を強く受けた土器も出土している。また，道南部を中心として石狩低地帯に至る遺跡では，土偶や石刀などの祭祀的遺物もみられることから，これらの地域は亀ヶ岡文化圏に含まれていたとする考え方が一般的である。一方，亀ヶ岡式は道東・北部からも散見されており，時期や地域によって程度の差はあるが，北海道の縄文人に広く受け入れられていた。

2 北海道の亀ヶ岡式土器

　山内清男は，北海道の亀ヶ岡式は東北からの搬入品もしくはその影響下で製作されたものと指摘した[1]。山内が提唱した陸前大洞土器編年は，在地の土器型式を検討する上で現在も相対的指標の1つである。北海道の亀ヶ岡式は，野村崇の一連の研究によって体系化され[2]，林謙作が在地の土器型式との関係を論じている[3]。ここでは石本省三[4]および関根達人[5]の土器編年を参考に，北海道の亀ヶ岡式について概観する（表1）。

【第Ⅰ期】：大洞B〜BC式併行期（図1-1〜9）

　上ノ国式などにみられる爪形文に加えて，土器には三叉文や入組文，羊歯状文が描かれる。器種は深鉢や鉢に加え，皿や浅鉢，注口土器などバリエーションに富んでいる。この時期の土器は，松前町東山遺跡や上ノ国町上ノ国遺跡，泊村堀株2遺跡，余市町沢町遺跡などで出土し，渡島半島を中心に積丹半島や石狩低地帯に及んでいる。また，新得町佐幌に類例があり，この時期に大雪山系を越えた亀ヶ岡式の拡散があったことがうかがえる。

【第Ⅱ期】：大洞C_1式併行期（図1-10〜20）

　第Ⅰ期から継続し，爪形文の土器が道南から道央にかけて広く分布する。崩れた羊歯状文や列点文などもみられるようになり，八雲町浜松2遺跡

表1　北海道の土器型式対応表

本州		北海道					
		道南		道央		道東北（大雪山系以東）	
		土器型式	出土遺跡	土器型式	出土遺跡	土器型式	出土遺跡
Ⅰ期	大洞B式	高野Ⅴ群	松前町東山	東三川Ⅰ式			新得町佐幌
	大洞BC式	上ノ国式	泊村堀株2		余市町沢町		
Ⅱ期	大洞C_1式	札苅Ⅰ群	函館市大船C 八雲町浜松2 松前町大津 泊村堀株1	美々3式	平取町亜別　厚真町朝日 苫小牧市共和　深川市東納内2 白老町社台　旭川市永山4 千歳市美々3		
Ⅲ期	大洞C_2式	（浜中大曲式） 聖山式	せたな町生澗　礼文町浜中2 伊達市南稀府5 知内町湯の里6　木古内町札苅 七飯町聖山　森町森川2　鷲ノ木 森町鷲ノ木	聖山式 タンネトウL式 （氷川式）	石狩市志美第4　余市大川 千歳市キウス5 富良野無頭川 恵庭市柏木川　苫小牧市柏原16 恵庭市西島松2 千歳市梅川3	聖山式 ヌサマイ式	釧路市緑ヶ岡　幣舞　釧路町天寧1　根室市ベニケムイ　斜里町ピラガ丘　ポンシュマトカリベツ9 常呂町常川河口　栄浦第一
	大洞A式						
Ⅳ期	大洞A'式	尾白内Ⅰ群	森町尾白内　木古内町大平			緑ヶ岡式	釧路市幣舞

図1　北海道の亀ヶ岡式土器【第Ⅰ・Ⅱ期】
1・2・6：松前町東山　3：新得町佐幌　4：苫小牧市柏原　5：安平町大町2　7：泊村堀株2　8：余市町沢町　9：函館市大船C
10：松前町大津　11：八雲町浜松2　12・13・17：木古内町札苅　14：苫小牧市共和　15：平取町亜別澤　16：泊村堀株1
18・20：厚真町朝日　19：白老町社台

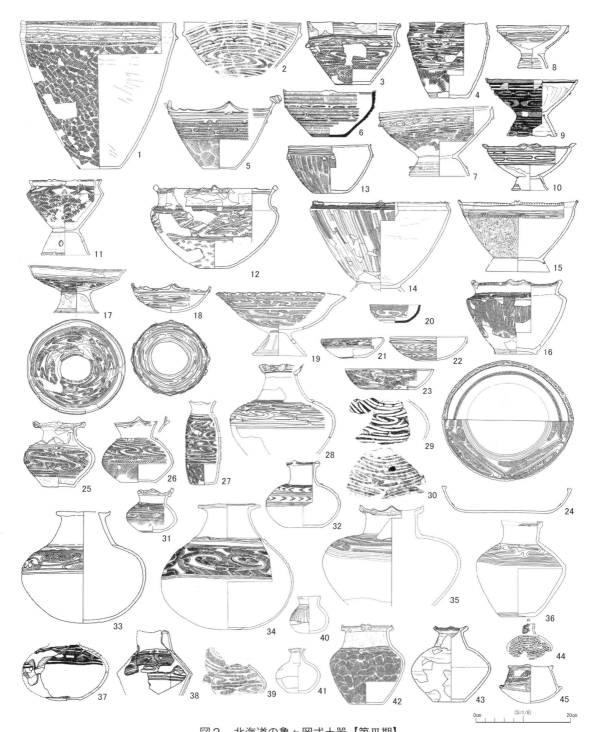

図2　北海道の亀ヶ岡式土器【第Ⅲ期】

1・17・25：森町鷲ノ木4　2：八雲町コタン温泉　3・43：千歳市キウス5　4：七飯町鳴川右岸　5・18・22・26・28・31：七飯町聖山
6：恵庭市柏木川　7：森町鷲ノ木　8：知内町湯の里6　9：札幌市S 267・268　10：千歳市美々2　11・14：せたな町生符2
12：苫小牧市柏原5　13：木古内町新道4　15：礼文町浜中2　16：千歳市美々3　19・24・35：石狩市志美第4　20：木古内町札苅
21・23・34：白老町社台　27：森町栗ケ丘　29：富良野市無頭川　30：根室市ベニケムイ　32：苫小牧市柏原16　33：余市町大川
36：釧路市幣舞　37：斜里町ピラガ丘　38：斜里町ポンシュマトカリベツ9　39：常呂町栄浦第一　40・41・44：常呂町常呂川河口
42：木古内町大平4　45：伊達市南稀府5

図3　北海道の亀ヶ岡式土器【第Ⅳ期】
1・2：森町尾白内　3：森町鷲ノ木　4・5：木古内町大平　6：千歳市梅川3

や泊村堀株1遺跡，苫小牧市共和遺跡などからは，雲形文が描かれる皿・浅鉢・壺・器形が算盤珠状となる注口土器がわずかに出土している。

【第Ⅲ期】：大洞C₂〜A式併行期（図2）

これまでの分布圏を越え，全道的に広く分布する。この時期の土器は①条痕文が施文される深鉢・鉢を主体とした土器群（桃内・浜中大曲式），②連携入組文や横位連続工字文といった沈線文が描かれる土器群（聖山Ⅰ・Ⅱ式），③雲形文が描かれる土器群に大別される。①は渡島半島日本海側から積丹半島を中心に分布しており，その範囲は礼文島浜中2遺跡にまで及ぶ。また，津軽半島今津遺跡などにも類例があり，その関連性が指摘されている。②は七飯町聖山遺跡出土などから出土しており，富良野市無頭川遺跡や根室市ベニケムイ遺跡など道央内陸部や道北・東部まで広く分布している。釧路市幣舞遺跡からはこの時期に相当する壺が51個体出土しており，推定器幅40cmを越える大型のものもある。③は石狩市志美遺跡や白老町社台遺跡などからまとまって出土している。また，タンネトウL式の壺には亀ヶ岡式を模倣したと考えられるものがある。

【第Ⅳ期】：大洞A'式併行期（図3）

全道規模にまで及んだ亀ヶ岡式も，在地色が濃くなり，大型化した口唇装飾や突起，平行沈線や弧線状の沈線文が描かれる土器へと変化する。近年，木古内町大平遺跡から良好な出土例が確認されているが，これらの土器群を直接的に亀ヶ岡式に含めるか否かは今後慎重に吟味する必要がある。大平遺跡や千歳市梅川3遺跡，幣舞遺跡などでは，変形工字文が描かれる台付浅鉢または浅鉢がわずかに出土している。

3　晩期の遺構検出状況

遺構には竪穴住居，墓，土坑，焼土，土器埋設遺構，貝塚，遺物集中がある。竪穴住居は第Ⅰ期から第Ⅱ期頃では事例は少ない。遺跡あたりの発見数や土器型式からも長期間にわたって利用された形跡は希薄である（表2）。墓は縄文後期の周堤墓に代表される区画墓が消滅し，土坑墓が群集する形態となる。また，そうした中に多量の遺物が伴う多副葬墓[6]の出現を特徴とする。なお，一部の遺跡では墓域と重複または近接して竪穴住居がみられるが，墓の総数と均衡しないことから，居住域と墓域は分離したあり方を示すことが指摘されている[7]。

(1) 竪穴住居

第Ⅰ期の竪穴住居は，渡島半島から石狩低地帯

南部の遺跡で発見されている。寿都町朱太川右岸遺跡2号竪穴は長軸約9mの楕円形をなす。乙部町元和第3地点は縄文中期の竪穴を主体とする遺跡で，晩期の3号竪穴状遺構はそれらから20mほど離れた箇所に位置する。径3.7mの円形で地床炉がある。苫小牧市静川22遺跡7号住居跡は長軸8.7mの楕円形と推定される。掘り込みが浅く壁は不明瞭である。3ヵ所に地床炉があり柱穴は壁際にみられる。

第Ⅱ期から第Ⅲ期の竪穴住居を含む遺跡は，道東部にもみられるようになる。木古内町札苅遺跡は遺構の分布状態からムラの「場」として住居域，焼土域，集石域，墓域が想定されている。住居址は2基あり，いずれも掘り込みが浅く周溝をもつ。1号は径約3mの円形とみられ，炉は土器埋設炉である。2号は四条の周溝が同心円状にみられることから，重複または建て替えが行なわれている。炉は石囲炉と地床炉がある。南茅部町豊崎N-D地区は縄文後期の集落を主体する遺跡で，晩期のH20は後期住居の窪みに掘り込まれる。径4.2mの円形で壁際に周溝がある。炉は地床炉である。函館市西桔梗1遺跡NH-1は長軸約4mの不整楕円形をなす。炉は土器埋設炉で柱穴は壁際にみられる。白老町社台1遺跡では低地部から1基が発見されている。長軸約5mの長円形をなすもので同時期の墓坑に切られる。炉は地床炉で柱穴は壁際付近にみられる。この遺跡では花粉分析結果から，晩期以降における地下水位の上昇が，低地部での居住の放棄を促したものと考えられている。伊達市稀府川遺跡には3基の竪穴住居があり，石囲炉をもつものがある。石狩低地帯では多数の土坑を付随する遺跡が出現する。千歳市美々2遺跡（ⅠB層）では住居跡・住居跡様遺構34基，土坑293基が発見されている。土器は在地のタンネトウL式を主体に少量の大洞A式が伴う。竪穴住居の類は台地斜面から低位部に密集し，25基が互いに重複する。これらは径4～5mの円，楕円，隅丸方形がそれぞれある。柱穴の配置や炉跡は住居廃絶後に作られた多数の土坑が重複することから明らかではない。集落の規模は遺構の新旧関係や遺物の接合状態などから一時期あたり竪穴3～4基と推定されている。道東・北部で古い時期の事例は北見市栄浦第一遺跡23号竪穴である。床面から大洞C_2～A式の壺が出土している。幅5.8mほどの隅丸方形とみられ，舌状の張り出し部がある。こうした形態は北見市栄浦第二竪穴13号竪穴の調査を通して明らかにされたもので，道東部では大洞A～A'式頃の緑ヶ岡式期を挟んで続縄文の中頃まで継続する。また，札幌低地帯でも続縄文初頭の砂沢式並行期にみることができる。

(2) 墓

墓の諸相については多くの論考[8]が提示されており，ここでは道東・北部の亀ヶ岡式と関係の深い遺跡についてふれる。

この地域で墓が現われるのは竪穴住居と同様，

表2 北海道縄文晩期前葉～中葉の竪穴住居一覧

遺跡・遺構名	規模(m)			平面形	炉	周溝	柱穴位置	相当する土器型式	備考
	長軸	短軸	深さ						
寿都町朱太川右岸 2号竪穴	9.0	7.4	0.7	楕円形	?	?	?	B～BC式(上ノ国式)	
乙部町元和第3 3号竪穴状遺構	3.7	3.7		円形	地床炉	なし		B～BC式(上ノ国式)	
苫小牧市静川22 7号住居跡	8.7	6.2	0.1	楕円形	地床炉	なし	壁際	B～BC式	
木古内町札苅 1号住居址	3.1	(1.7)	0.1	円形?	土器埋設炉	1本	溝沿	C_1式	
木古内町札苅 2号住居址	5.7	5.3	0.1	円形	石囲炉・地床炉	4本	溝沿	C_2式	4回の重複・建て替え
函館市西桔梗1 NH-1	(4.1)	(2.8)	0.3	不整楕円形	土器埋設炉	なし	壁際	C_1～C_2式	
八雲町豊崎N-D地区 H20	4.2	4.2	0.3	円形	地床炉	1本	壁際	C_2?式	縄文後期の住居窪みを利用
八雲町栄浜3 H5	4.2	(1.8)	0.3	円形?	?	なし	壁寄り	C_2?式	
白老町社台1 1号住居跡	5.0	3.5	0.1	長円形	地床炉	なし	壁際	C_1～C_2式	同時期の墓抗に切られる

晩期中葉である。斜里町ピラガ丘秋山地点は15基の墓が2つの地点に分布する遺跡である。墓は坑口規模が1〜2mの円，楕円形をなすもので，副葬品は土器，石器，玉類などがある。亀ヶ岡式はP12から，大洞C_2式相当の壺が在地の縄線文土器と出土している。P36の火葬人骨は解剖学的位置などが良好な状態で確認された事例である。この遺体は，サメ歯と獣骨からなるネックレスを着装し，坑内に屈位で安置された後，火葬されている。北見市常呂川河口遺跡では晩期後葉の幣舞式期の墓が22基発見され，これらは2つの墓群を構成する。墓は坑口規模が0.8〜1.3mの円形，楕円形，不整長方形をなす。大形の角礫が密集した状態で確認された墓が7例ある。しかし，出土状態は一様ではなく，墓内環境や埋め戻しのタイミングなどの違いを示す可能性がある。副葬品には土器，石器，玉，漆塗りの櫛などがある。ヒスイ製の玉はそれぞれの墓群で確認されており，その背景に何らかの区分原理が存在したことが考えられている[9]。そうした墓の1つであるP213では，幣舞式に伴って大洞C_2〜A式の小形壺が出土している。釧路市緑ヶ岡遺跡は，1963年調査の墓坑について調査結果が報告されている。出土遺物は精査中のため明らかにし難いが，副葬品には大洞C_2〜A式相当の壺5個のほか，ヒスイ製とみられる勾玉などが含まれる。道東部ではこの後，続縄文前半にかけコハク玉や角骨製の装身具などの品目を加え，多副葬傾向が増す。亀ヶ岡式の系譜をひく砂沢式に類した土器も在地型式と共に副葬しており，東北地方北部の集団と関係を継続したことがうかがえる。

4 北海道の亀ヶ岡文化

北海道の亀ヶ岡文化圏内では，余市町大川遺跡や泊村堀株1遺跡のように河川の河口付近の砂丘部に立地する遺跡もあるが，河岸段丘や海岸段丘上に位置することが多い。当時のヒトは海岸線から4〜5km程の内陸部を好んで利用したようである。対してその圏外では，北見市や釧路市のように限定的な遺跡分布となる傾向がある。これらの地域から出土する亀ヶ岡式は，壺がその大半を占めるといった器種の偏りがみられるほか副葬品に用いられるものが多い。道東部の縄文晩期社会では，亀ヶ岡式は器としての役割を越えた特別な価値を持っていたのかもしれない。

現在，亀ヶ岡式については，胎土に含まれる火山ガラスや粘土鉱物の分析によって原料の採集地を明らかにする試みが行なわれており[10]，その製作地や流通過程の解明する上で，従来の土器型式論とは別視点からの役割を担うことが期待される。北海道の縄文晩期社会については依然，亀ヶ岡文化と在地の土器文化との関連性など多くの議論が行なわれており，今後もこのような分析も含め，検討を重ねる必要がある。

註
1) 山内清男「所謂亀ヶ岡式土器の分布と縄紋式土器の終末」『考古学』1—3，1930
2) 野村　崇『北海道縄文時代終末期の研究』みやま書房，1985
3) 林　謙作「北海道」『縄文土器大成』4，1981
4) 森町教育委員会『尾白内—続縄文遺跡の調査報告—』1981
5) 関根達人「北海道晩期縄文土器編年の再構築」『北海道考古学』48，2012
6) 瀬川拓郎「縄文後期〜続縄文期墓制論ノート」『北海道考古学』19，1983
7) 大島直行「墓と墓地構造—北海道—」『季刊考古学』69，雄山閣，1999
8) 土肥研晶「北海道における縄文墓制の変革②」『日本考古学協会2014年度伊達大会研究発表資料集』同実行委員会，雄山閣，2014
9) 武田　修「北海道縄文晩期・続縄文墓壙の一様相」『アイヌ文化の成立』宇田川洋先生華甲記念論文集刊行実行委員会，2004
10) 柴　正敏「津軽の地質と縄文土器原料」『第四紀研究』53—5，2014

大洞A・A'式土器研究の現状と課題

大坂　拓

1　縄文文化の下限と「大洞式」

　山内清男によって，岩手県大船渡市大洞貝塚出土土器の地点差などを基礎として1930（昭和5）年に大洞式土器の6細分が発表されてから，まもなく90年が経過しようとしている。その間に蓄積された膨大な資料を背景として，土器型式の理解は各段に精緻化しており，今日では設定当初の大洞A式・A'式土器の年代幅に，大洞A_1式，大洞A_2式，大洞A'式，弥生前期の土器型式を置く意見が一般的になっている。今日もなお，より詳細な地域差・年代差の枠組みを追求して活発な議論が積み重ねられている。

　本稿では，大洞A_1式，A_2式，A'式土器に関する近年の研究状況を概観しつつ，「大洞式」の枠組みで説明可能な土器型式分布圏が若干の変動を示すことについて，筆者の現段階での理解を提示する。関連する問題は多岐にわたるが，悉皆的な記述を行ない得ないことをご寛恕願いたい[1]。

2　大洞A_1式土器

　先行する大洞C_2式から大洞A_1式への型式変化については，当初，磨消縄文を多用するいわゆる「雲形文」と，磨消縄文手法を欠く「工字文」の差違が大きく見積もられる傾向があったが，岩手県北上市九年橋遺跡などでの資料の蓄積を背景として文様の詳細な検討が進展すると，その変化は極めて連続的であることが明らかになった[2]。そこで，2つの土器型式を繋ぐものとして「大洞C_2／A式」などの提唱もなされているものの[3]，標式的な位置を占める九年橋遺跡，宮城県栗原市山王囲遺跡出土土器などによる詳細な説明が加えられていないこともあり，現在のところ，研究者の共通して認めるところとはなっていない。筆者は，工字文に少数の磨消縄文手法が伴う土器群を大洞A_1式の型式内容として捉え，秋田県横手市平鹿遺跡SX009出土土器群などを代表的な例と見なしておきたい。

　この段階には，東北北部の津軽・下北半島から北海道南部の渡島半島にかけて聖山式土器およびその後続の形式の土器（図1-6）が分布しており，磨消縄文手法が多用され続けるという地域差がある。

3　大洞A_2式土器

　大洞A_2式は，大洞式土器の6細分から33年後の1964年になって土器型式編年表に示されたものの，山内自身は「未だにまとまらない」，「悩んでいる」といった発言を残した[4]。

　1985年になり，鈴木正博が宮城県角田市梁瀬浦遺跡出土土器を基準として「大洞A_2式」を提唱，同じ頃，工藤竹久が青森県南部町剣吉荒町遺跡出土土器の分析を踏まえて「剣吉荒町Ⅰ群」を設定した[5]。両者の編年案は，細部では新旧関係の逆転が認められるほか，後続する大洞A'式土器との型式区分の位置にも違いがあるものの，文様（図1-8）を細かく分類した上で，鈴木が「変形匹字文」と呼ぶ文様を「工字文」と「変形工字文」の間に位置づけた点で極めて類似した着想といえ，その後の研究を方向づける画期となった。

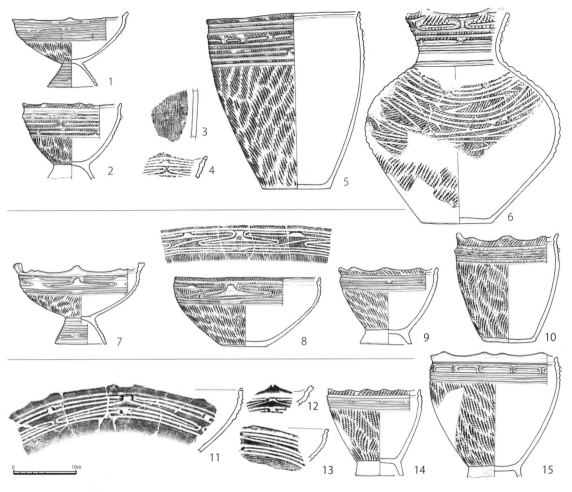

図1　青森県外ヶ浜町宇鉄遺跡出土土器（註1 大坂2012より作成）

　ただし，筆者が2009（平成21）年〜2012年に指摘したように，資料が蓄積されてきた結果，「変形匹字文」と呼ばれた文様は，比率こそやや低下するものの後続する土器型式にも引き継がれていることが明らかになってきており，とくに東北南部では多用され続けたと見なければならず（図2），文様の構成のみで帰属時期の決定をすることは出来ないものと考える[6]。なお，この指摘をした際には，想定する土器型式変遷が鈴木による再提唱時の内容と乖離してしまうことから，大洞A_2式という型式名称の使用を意識的に控えてきたが，土器型式名が学史的に定着を見ている現状に鑑み

て，名称は踏襲しつつ，良好な一括資料をもとに型式内容を再定義していく藤沼邦彦・関根達人，佐藤祐輔らの案が現実的な対応となるだろう[7]。

　2000年代に入って，津軽・下北半島に位置する青森県佐井村八幡堂遺跡の再整理，同むつ市不備無遺跡の発掘調査報告が相次いだことで，大洞A_1式期までは聖山式が分布していたこの地域でも，東北中部とほぼ同様の型式内容をもった土器群が分布していたことが明らかになっており（図1-7〜10），大洞式の分布圏が北に拡大したものと見なすことができる[8]。

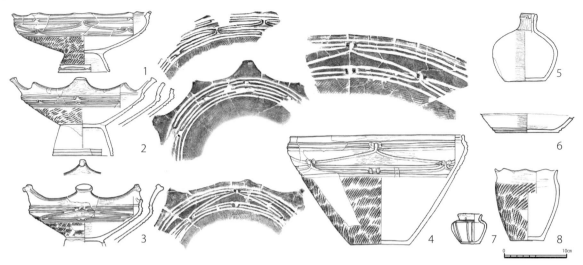

図2　岩手県大船渡市大洞貝塚A'地点出土土器（註1 大坂2012より作成　東京大学総合研究博物館所蔵）

4　大洞A'式土器

　大洞A'式土器に関連して重要となるのは，青森県弘前市砂沢遺跡出土土器を基準として，1958年に提唱された砂沢式土器との関係である。

　この2つの土器型式の関係を巡っては当初から，地域差と見るか，年代差と見るか微妙な記述が繰り返されてきた経緯があるが，1981年になって，砂沢遺跡と同じく弘前市に位置する牧野Ⅱ遺跡出土土器が報告されると，「牧野Ⅱ遺跡出土土器⇒砂沢遺跡出土土器」という変遷観が共有されるようになり，前者を「大洞A'式」，後者を「砂沢式」と呼称することが一般化する。

　ただし，その後に北上川流域で蓄積された資料を参考にすれば，沈線の幅や文様施文部位が拡大する型式変化がわかりやすい形で認められるのは青森県域・秋田県域に限られており，北上川流域・岩手県三陸沿岸では，より緩やかな型式変遷をたどったものと考えられる。このことは，標式資料となる大洞貝塚A'地点出土土器（図2）の年代学的範囲とも関わってくるが，北上川流域では豊富な資料が蓄積されてたとはいえ，複数時期の土器群が混在したと見られる事例が多く，詳細な新旧関係を層位的に検証できる事例は意外なほど乏しいのが現状である。大洞A'地点出土土器の一部（図2-4）は，東北北部で砂沢式の古段階とも並行すると見る指摘もあり，東北中部においても砂沢式に並行する部分を除いた範囲に限定して「大洞A'式」を再定義することで，混乱を避けていくのが適切という指摘がある[9]。単純なまとまりを示す遺構一括資料などの蓄積が待たれている。

　東北南部では，山形盆地地域の北柳Ⅰ遺跡において，ブロック単位での詳細な報告がなされたことで，地点差から土器型式の変遷を跡づけることが可能になった。この地域では，多数の「変形匹字文」が施文された土器に，青森・秋田県域からの搬入品と推定される大洞A'式が少数伴っている。東北北部でも近年，先述した不備無遺跡や，秋田県八郎潟町下台遺跡で，東北南部の丸底鉢に類似した模倣品ないし東北南部の丸底鉢そのものが伴っており，交差編年によって，この時期の東北北部と南部では多用される文様の類型が異なっていたことが確認できるようになってきた。

　「変形匹字文」に代わって「変形工字文」が多用されるようになったのは東北北部のみで，東北南部では大洞A'式期まで「変形匹字文」が多用され続

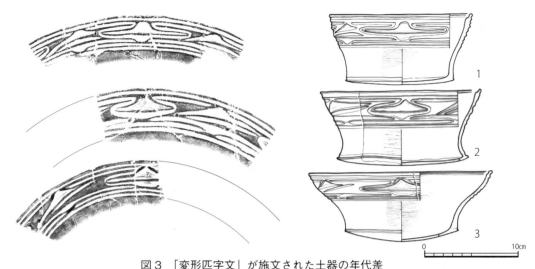

図3 「変形匹字文」が施文された土器の年代差
1：砂子田遺跡（大洞A₂式） 2：北柳I遺跡（大洞A'式並行） 3：作野遺跡（砂沢式古段階並行）

けていたと考えるなら，東北南部については，大洞貝塚が所在する東北中部とは異なった土器型式変遷が存在したものと認めることになり，1つの年代学的単位として同じ型式名を適用することを避け，異なる系統として整理する必要が生じる。そこで筆者は，これらを大洞式土器の範囲から除外し，大洞式と浮線網状文土器群との間に位置する「特殊工字文土器群」と呼ぶことを提唱している。

先行研究の記述を尊重しつつ拡大解釈することを避け，出土資料に即した着実な議論を積み重ねていくことが求められている。

註
1) 詳細な学史として，以下の文献をあげておきたい。
  高橋龍三郎「東北地方晩期（亀ヶ岡式）」『縄文時代』10，1999，pp.178-196
  藤沼邦彦・関根達人「亀ヶ岡式土器（亀ヶ岡式系土器郡）」小林達雄編『総覧 縄文土器』2008，pp.682-693
  大坂 拓「第3節 本州島東北部における初期弥生土器の成立過程—大洞A'式土器の再検討と『特殊工字文土器群』の提唱」高瀬克範編『江豚沢I』2012，pp.144-181
2) 高橋龍三郎「大洞C2式土器細分のための諸課題」『先史考古学論集』4，1993，pp.83-151
3) 林 謙作「縄文晩期という時代」『縄文土器大成第4巻 晩期』1981，pp.130-136
  設楽博己・小林青樹「板付I式土器成立における亀ヶ岡式土器の関与」西本豊弘編『縄文時代から弥生時代へ 新弥生時代のはじまり 第2巻』2007，pp.66-107
4) 前掲註1大洞文献に同じ
5) 鈴木正博「「荒海式」生成論序説」『古代探叢II』1985，pp.83-135
  鈴木正博「弥生式への長い途」『古代』80，1985，pp.382-398
  鈴木正博「続大洞A2式土器考」『古代』84，1987，pp.110-133
  工藤竹久「東北北部における亀ヶ岡式土器の週末」『考古学雑誌』72-4，1987，pp.39-68
6) 大坂 拓「大洞A2式土器の再検討」『考古学集刊』5，2009，pp.39-74
7) 前掲註1藤沼・関根文献に同じ
  佐藤祐輔「7 東北」佐藤由紀男編『考古調査ハンドブック12 弥生土器』2015，pp.397-446
8) 安藤広道・大坂 拓「青森県八幡道遺跡出土土器の分析」『東日本先史時代土器編年における標式資料・基準資料の基礎的研究』2009，pp.31-74
  関根達人・上條信彦『下北半島における亀ヶ岡文化の研究 青森県むつ市不備無遺跡発掘調査報告書』2012
9) 前掲註7佐藤文献に同じ

聖山式とタンネトウL式

土肥研晶

1 研究の現状

　北海道の縄文時代晩期は，亀ヶ岡文化との対比の中で研究が進められてきた。道内に亀ヶ岡式とは異なる型式が存在することは，山内清男らにより戦前から指摘されてきた。近年の発掘件数の増加で，諸型式は資料の蓄積が進み，変遷を検討できるものの，その特殊性ゆえに，今なお型式間の対比は重要な視点とみている。

　そのような中，2013（平成25）年に調査した木古内町大平遺跡から，聖山式より新しい資料がまとまって出土し，渡島半島地域の晩期後葉の変遷を補強するに至った。

　ここでは，聖山式と大平遺跡の資料などで渡島半島域の晩期後半期の変遷を概観し，石狩低地帯に分布するタンネトウL式ほかとの対比を試みる。

　聖山式は，七飯町聖山遺跡を標識とし，渡島から津軽海峡域に分布する。発掘調査で得られた資料の属性分析により，「連繋入組文」が主体的な時期を聖山Ⅰ式，「横位連続工字文」が主体的な時期を聖山Ⅱ式に分け，聖山Ⅰ式から聖山Ⅱ式へ漸移的に移行するものと解釈，この文様変遷は同時に大洞C_2式からA式への変遷過程とみた[1]。のちにこの考え方は，飯島義雄ら[2]により補強される。

　林謙作は北海道の縄文晩期の土器を，津軽海峡沿岸から黒松内低地帯にかけて分布する「大洞系」・黒松内低地から積丹半島周辺に分布する「類大洞系」・黒石狩低地帯以東に分布する「非大洞系」に分け，晩期前葉，中葉，後葉の状況をまとめた[3]。

　福田正宏[4]は，入組文から工字文への単系統の変遷を否定，晩期末まで入組文と工字文は併存し，入組文は後の弥生時代の波状工字文に繋がると考え，入組文と工字文の変遷過程から晩期後半期を大洞C_2式古→C_2式新→A_1式古→A_1式新→A_2式→A'式の6期に区分する考えを示し，青森県，渡島半島南部，石狩低地帯，道東の資料を対比させた。1998年5月，「聖山以降の渡島半島」と題するシンポジウムが七飯町で開催され，石本省三は聖山Ⅱ式以降に知内町湯の里Ⅴc群→森町尾白内Ⅰ群→尾白内Ⅱ群と変遷する見通しを立て，尾白内Ⅰ群の文様には「類大洞系」の影響があると推定する[5]。関根達人は，煩雑な北海道の縄文時代晩期の土器諸型式を整理し，大洞B_1式→B_2式→BC式→C_1式→C_2古式→C_2新式→A_1式→A_2式→A'式に9細分し，道南，道央，道東域の併行関係を合せた編年案を示した。その中で，いまだに道南部で晩期末葉の資料が少ないことも指摘している[6]。

2 大平遺跡の主な文様

　2013年に発掘調査を実施した木古内町大平遺跡からは縄文時代晩期後葉以降の資料がまとまって出土し，渡島半島域における聖山式以降の変遷は，ほぼ埋まったと考えている。その土器群は，日ノ浜8号遺跡出土の壺形土器（図2-30）以降の一群とみられ，古手は，尾白内Ⅰ群の内容を補強するものである。

　最も多く出土した特徴のある器形に，口唇に6単位の突起を有し，そのうちの1対が大型化する鉢がある。この鉢に付される突起は時期を下るにつれ大型化し，さらに，鉢・深鉢の頸部の屈曲が

図1　大平Ⅰ期・Ⅲ期にみられる文様模式図

なくなり，施文手法が沈線多重手法によるネガ文様から沈線文へ変わっていく傾向が見られた。

古手の文様には，図1-1・2が多く，壺形土器では沈線で上下を区画した複数の文様帯を有し，図1-3に示したような入組文がみられる。

これらの文様は，聖山式から引き継ぐ文様の沈線化したものとみられる。図1-5は資料中に2例あった図1-1の古手とみられる文様だが，図2-30に示した日ノ浜8号遺跡の壺の下位の文様が沈線化したものとみられる。また，図1-2上下交互に付される弧線文は図1-1の文様を簡略化したものと考えられる[7]。

3　渡島半島の縄文時代晩期後半期の土器

渡島半島域の晩期中葉以降の資料を，「札苅・久根別期」→「聖山Ⅰ式期」→「聖山Ⅱ式期」→「武佐川・日ノ浜8期」→「大平Ⅰ期」→「大平Ⅱ期」→「大平Ⅲ期」の7期に区分し，変遷を試みたものが図2である。

図の縦方向は，おおむね器形をそろえ，右枠に供伴する搬入土器を掲載した。

聖山Ⅰ式より古い「札苅・久根別期」には，北斗市久根別遺跡，森町鷲ノ木遺跡，木古内町札苅遺跡73号墓から出土した土器をあてた。

「聖山Ⅰ式期」には，聖山遺跡第3ブロックと第6ブロック出土の遺物をあてはめた。このブロック出土資料中には，頸部や口唇に大型突起が付される鉢が少数混じる。

「聖山Ⅱ式期」には，聖山遺跡第2ブロック出土の土器のほか，北斗市添山遺跡，森町鷲ノ木4遺跡，日ノ浜8号遺跡出土の土器をあてた。聖山Ⅱ式をより細分する見方を福田は示している。

「武佐川・日ノ浜8期」には，日ノ浜8号遺跡出土の壺のほか，森町鷲ノ木遺跡，知内町湯の里5遺跡，木古内町大平遺跡出土の資料をあてた。この時期の鉢・深鉢の口縁部の文様は，数条の横走沈線になり，胴部には沈線多重手法による工字文や，入組文がある。また，聖山式では，把手と突起が混在するが，この時期で把手がみられなくなるようである。この時期区分の内容には，鷲ノ木遺跡の鉢形土器にすでに6単位の突起が付されるものがある。福田や関根の変遷では，湯の里遺跡のⅤ群と武佐川・日ノ浜8号期を分ける考えを示すが，ここでは，その後に大平の3時期を加えているためまとめた。また，道央部の遺物出土状況から，聖山Ⅱ式とこの段階の間に樽前山降下軽石層（Ta-c）の降灰時期があたると考える。

「大平Ⅰ期」には大平遺跡の斜面検出の土器捨て場から出土した資料[7]をあてはめた。この地点からは135個体を報告，晩期後葉の全報告点数の3分の1を占める。器種は，深鉢37個，壺17個，大型突起を有する鉢56個，その他の鉢20個，台付5個である。壺形土器以外の器形で，文様に図1-1・5が付されるものは26個体22％。文様2が付されるものは24個20％，横走沈線のみのものは37個31％，不明（突起片や口縁部片）20個体，このほか矢羽状沈線や工字文など11個体があった。壺は，この地区から17個体が出土した。複数の文様が付されるが，入組文が付されるものが10個体，搬入品2個体，文様1が1個体，工字文

1個体，無文や縄文のみの個体が2個体あった。

「大平Ⅱ期」には，大平Ⅰ期とⅢ期の中間的な要素をもつ資料をあてはめた。図2-47~49は小ピットから，伏せた状態で3個体が重なって出土したもの。図2-45・46は包含層から出土したもの。このうち図2-46は頸部に屈曲があり，貼瘤も密に施される点で搬入品である可能性がある。

Ⅱ期は，大平Ⅰ期より突起の大型化，文様の沈線化が進むと同時に，鉢・深鉢から図1に示した文様がなくなり（壺には文様が残る），頸部と胴部の境に付される貼瘤文列の下位は数条の沈線に変わることが特徴である。

「大平Ⅲ期」には，大平遺跡[8]の海岸段丘上の縄文時代前期の大型住居址の包含層の落ち込みから一括出土した土器から図2-50・52をあてはめ，深鉢には，松前町東山遺跡の包含層の土器（図2-51）をあてはめた。図1-4の入組文は図2-50に付されるもので，大平Ⅰ期の入組文をさらに簡略化したものにみえる。鉢形土器では，突起は極限まで大きくなり，突起基部の装飾が口縁部に垂下することにより，突起下の貼瘤文が数条の沈線の下に施され，頸部境の貼瘤文列がなくなる特徴がある。また，口縁部に施される沈線が太くなる傾向がある。同一時期の鉢は，日ノ浜8号遺跡や戸井貝塚にみられる。大平遺跡では，変形工字文が付される図2-53・54や，匹字文の付される鉢が供伴するとみられる。図2の7段階の時期は札苅・久根別期が大洞C_2式古段階，聖山Ⅰ式期がC_2式新段階，聖山Ⅱ式期がA式古段階，武佐川・日ノ浜8期がA式中葉段階，大平Ⅰ期がA式新葉段階，大平Ⅱ期がA_2式段階，大平Ⅲ期がA'段階に相当するとみているが，大平Ⅲ期には，搬入された匹字文が施された鉢類や台付鉢がみられることから，大平Ⅲ期がA_2～A'式に相当する可能性もある。

4 石狩低地帯の縄文時代晩期後半の土器

タンネトウL式は，石狩川支流の千歳川，夕張川流域の低地帯に南北にのびる馬追丘陵の西側，長沼町字幌内にあるタンネトウ遺跡を標識とする。石狩低地帯を中心に分布する晩期後葉から末葉の土器である。タンネトウ遺跡の調査は晩期後葉の遺物が出土するA地区と早期後半の遺物が出土するB地区で行なった。その報告の中で野村崇[9]は，早期の土器をタンネトウE（Eary）式，晩期の土器をタンネトウL（Late）式と設定した。標識遺跡のタンネトウL式は，千歳近郊でみられるTa-c層より上層の第一黒色土層（Ⅰ黒層）から出土する土器群であるため，研究者の間では，Ta-c層より下位の第二黒色土層（Ⅱ黒層）から出土する土器群を幣舞式，Ⅰ黒層から出土する土器群をタンネトウL式とする考えかたや，Ⅱ黒層の大洞C_2式併行期の美々3式以降から晩期末葉までをタンネトウL式とするみかたがある。また，標識資料の中には武佐川・日ノ浜8期や大平Ⅰ期の破片が出土している。

1981年から調査した千歳市ママチ遺跡で種市幸生[10]は，Ta-c層の上下から出土する晩期の土器をⅠ群～Ⅴ群に，1985年に調査した同遺跡で，中田由香[11]は晩期後葉の土器を1類～4類に分類，それぞれ変遷図を示した。形式名より詳細な分類であるママチ遺跡の考え方は，その後広く用いられるようになる。1999～2012年にかけて調査した江別市対雁2遺跡からは，晩期中葉から続縄文期までの土器が大量に出土した。土器の成果をまとめた芝田直人は，遺跡出土の晩期中葉以降の土器をⅠ類～Ⅹ類に細分し，放射性炭素年代と照合する[12]。この分類は，他遺跡との比較には，細かいとみられ，道央部の在地の土器の変遷と特徴をまとめたのが図3である。形式名には，C_2式古段階に美々3式，C_2新段階以降のⅡ黒層資料に幣舞式，Ⅰ黒層にタンネトウL式をあてた。図2と同スケールのため，土器の図は重なる。

器形は左から深鉢，壺，壺2，鉢2，浅鉢（主に俯瞰図で掲載），台付鉢とし，右枠に他地域から

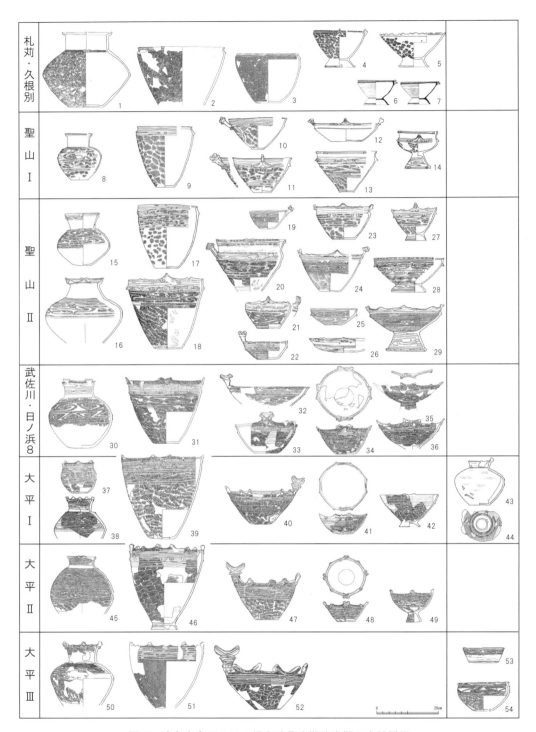

図2 渡島半島における縄文時代晩期後半期の土器様相

1・4・5：久根別　2・3・31・33・35：鷲ノ木　6・7：札苅　8・10・11・13・14：聖山第3ブロック
9・12：聖山第6ブロック　15・17・23・27：聖山第2ブロック　16・22・25：添山　18・20・21・26：鷲ノ木4
19・24・28：聖山1979　29・30：日ノ浜8号　32：湯ノ里5　34・37〜49：大平(4)　36・50・52〜54：大平(3)　51：東山

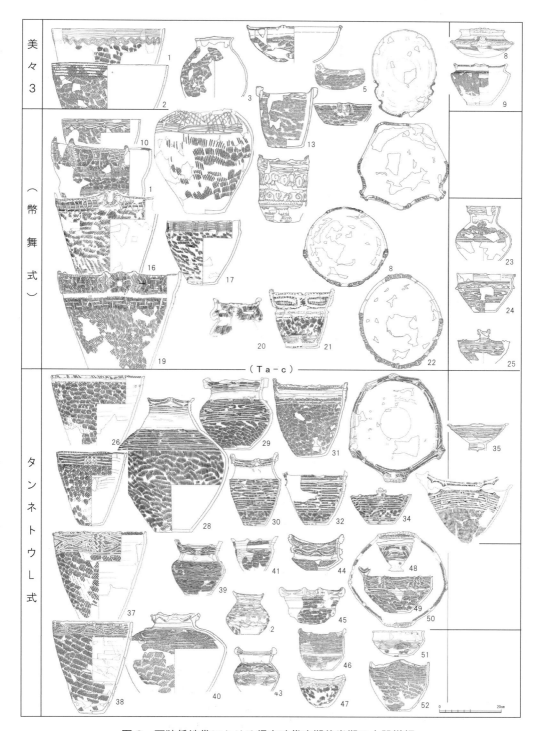

図3　石狩低地帯における縄文時代晩期後半期の土器様相
1・12・38・42・43・46・49~52：対雁2　2~4・6・9：美々3　5・7・8：朝日
10・13~15・19・20・23~25・31・44：キウス5　11・22・32：柏木川4　16~18：川端
26・27・29・33・36・37・39・41・45・47・48：西島松2　28：祝梅川小野　21：西島松5　30・34・35：梅川4　40：ママチ

の搬入品を掲載する。在地の土器に壺はないとされてきたが，最近の調査で古い時期の壺も出土している。「壺2」は，Ⅱ黒層で，口縁に対向する1対の突起を有する「鉢2」（図3-13・14）から時期を下るにつれ，口唇に1対の突起を有する壺や舟型土器に変化したものとする考えから，本来の壺との系譜を分け壺2とした。壺2はⅡ黒層では在地の文様を施すが（図3-20），Ⅰ黒層では，入組文や工字文が付される（図3-29・30・39・42・43）。図3-1は，対雁2遺跡から出土した美々3式より古い深鉢である。この時期の資料はまだ多くはないが，壺や浅鉢もみつかっている。美々3式では，口縁部に縄線文が施されることが多く，浅鉢口唇の装飾は片側にのみに施される。図3-9は浜中大曲系，図3-8は厚真町朝日遺跡から出土した大洞C_2式の注口土器である。幣舞式にはC_2式新手〜A式前半期があてはまる。図3の上位に古手，下位に新手のものを掲載した。古手では口縁の文様の下地に縄線文が施され，その上から沈線で渦巻文様などが付される。渦巻文様が（｜）状の文様に変化する頃が由仁町川端遺跡の資料（図3-16〜18）で，新手には文様の下地に櫛歯状工具による細い施文が増え，文様帯の区切りに凹帯が付されるようになる。口唇部の施文には，単節の縄の圧痕や刻みに棒状工具による施文を加えた文様が施され，とくに浅鉢に顕著にみられる。

タンネトウL式の初期には櫛歯状工具による施文や，単節の縄による厚痕などのⅡ黒層的な文様が残るが，やがて口唇に地文と同じ縄文を施すようになり，深鉢などでは地文が口縁部上端付近まで施されるようになる。文様は一時単純化するが，壺には入組文や工字文が付されるようになる。また，この時期に道南部から武佐川・日ノ浜8期や大平Ⅰ期の搬入品が増え，それを模倣した土器も作られるようになる。中葉には口縁に短い3〜4条の縦沈線で区画する数条の平行沈線を施される文様が生じ，縦の区画鋸歯状沈線に，平行沈線は波状沈線に代わってゆく。また，舟形土器や台付鉢が出現するのもこの時期である。台付鉢はⅡ黒層でも少数あるが，この時期に増えるのは道南部の影響が大きいとみられる。舟形土器は幣舞段階にもあるが，この時期のものは口縁部の作りなどに鉢2の系譜をもつ。緑ケ岡式古段階の舟形土器と平行関係にあり，形状も似るが，長軸の貼付が上下に分かれる特徴がある。末葉になると，道南部からの搬入品は減少する。文様は波状沈線が多くなり，壺形の系譜は残るが，舟形土器や浅鉢は徐々に鉢形に変化していく。使用した土器のうち図3-26・29と27・36はそれぞれ供伴関係にある。道南部の土器と比較すると，タンネトウL式の壺には聖山式に付される文様が残る傾向があるが，聖山式とタンネトウL式は時期的に前後関係にある。

註

1) 芹沢長介編『峠下聖山遺跡』七飯町教育委員会，1979
2) 飯島義雄「仮称「連繋入組文」と「横位連続工字文」について」『考古風土記』6，1981
   飯島義雄「体部文様からみた「聖山式土器」」『考古学論業』Ⅱ纂修堂，1989
3) 林 謙作「晩期の土器 北海道」『縄文土器大成』4 講談社，1981
4) 福田正宏『極東ロシアの先史文化と北海道』北海道出版企画センター，2007
5) 石本省三「聖山以降の渡島半島」シンポジウム『聖山以降の渡島半島』資料集，1998
6) 関根達人「北海道晩期縄文土器編年の再構築」『北海道考古学48』2012
7) 土肥研晶『木古内町大平遺跡（4）』北埋調報329，2017
8) 熊谷仁志『木古内町大平遺跡（3）』北埋調報328，2017
9) 野村 崇『長沼町タンネトウ遺跡の発掘調査』空知地方史研究協議会，1977
10) 種市幸生編『ママチ遺跡』北埋調報9，1983
11) 中田由香「土器」『千歳市 ママチ遺跡Ⅲ』北埋調報36，1987
12) 芝田直人「Ⅴ群土器について」『江別市対雁2遺跡』（9）北埋調報240，2006

東北「遠賀川系土器」の拡散と亀ヶ岡文化の解体

齋藤瑞穂

1 東北「遠賀川系土器」論の環境

　東北地方で出土した「遠賀川式土器的な土器」を，遠賀川系土器と呼ぶ[1]。佐原眞が提唱したこの概念が適切でないとして，「北奥遠賀川系土器」や「類遠賀川系土器」の術語も提案されているが[2]，ひとまず名称の問題をさておくと，これらが指示する対象の研究は，80年に達する蓄積がある。

　しかしそのあゆみは，定説に規制され，それを1つずつ克服する険しい道程であったと言ってよい。縄文時代の下限が東日本では古墳時代に及ぶとする「常識」が[3]，弥生式土器の探索を妨げ，東に進むに従って1型式ずつ遅れて始まるとする編年表の定説化が[4]，前期弥生式土器の究明を遅らせたのである。中村五郎による畿内第Ⅰ様式対比資料の追求はこうした状況を打開し[5]，東日本弥生時代研究に前期を解放した。これが後々，「みちのくの遠賀川」のトレンド化へと膨れあがっていくことは論を俟たない。

　遠賀川系土器が脚光を浴び始めると，期を同じくする土器型式の実態が課題となった。砂沢式が，㋐大洞A'式の地方型式なのか，㋑後続型式か，あるいは㋒後続するにしても，A'式の範疇で理解すべきかの判断を迫り，変形工字文の構造と変遷とが詳細に復原されていった[6]。砂沢式の標式遺跡を擁する青森県津軽地方において，A'式の良好な遺跡が報告されたことをうけ，㋐説は次第に影を潜めたものの，しかし㋑・㋒のいずれが適切であるのか，何をもって砂沢式とするのか，コンセンサスはなおも得られなかったのである。

　この問題に大きな一石を投じ，若手を中心に広く影響をあたえたのは，松本建速でなかったかと思う[7]。松本は，文様帯の器面に占める割合によってA'式と砂沢式とを弁別してみせ，新しいその基準によっても，東北北部の遠賀川系土器が大洞A'式期に遡ることを力説した。

　ほどなくして矢島敬之が砂沢式を細別し[8]，鈴木正博は砂沢式南漸論を打ち出す[9]。矢島の視点は，品川欣也，根岸洋，大坂拓の深耕へと到る新機軸の嚆矢となった。

2 東北「遠賀川系土器」研究の今日的課題

　東北「遠賀川系土器」の起源については，多くの先学が意見を戦わせてきたが，西日本の遠賀川式に求めうるにせよ，あるいはそうでないにせよ，新古の決定が議論の前提となる。

　ところが，「遠賀川系土器」の変化がことのほか緩慢であるために，そのものをいくら較べても，明快な答えが得られない。筆者が失敗から学んだのは[10]，新古は精製土器でしか判断できない，という教訓であった。ゆえに本稿では，砂沢式前後の編年を高度化することによって，東北「遠賀川系土器」の新古を決め，その拡散プロセスを復原する。加えて，それが亀ヶ岡文化の解体とどのように関係するかも，考えてみたいと思う。

3 八戸周辺の「遠賀川系土器」

　東北「遠賀川系土器」のなかでは，福島県大沼郡三島町荒屋敷遺跡の例が最も古く，かつ，それが大洞A'式期に属する，というのが，識者の間

でほぼ一致をみたこの分野の通説である。
　これに対して見解が割れるのは、荒屋敷例のみ大洞A'式期に属するのか、あるいはほかにも含まれる例があるとみるかであって、たとえば岩手県二戸市上斗米金田一川遺跡の例を、高瀬克範は大洞A'式期に、松本建速や櫻井はるえは砂沢式期に位置づける[11]。馬淵・新井田両川の流域は、同例をはじめとして、こうしたケースがとくに集中する地域であり、土器の特徴も「本場の遠賀川式に近い」と早くから指摘されてきた。かような研究の経緯をふまえて、まずはこの地域の整理から始めよう。共伴する精製土器を比較し、「遠賀川系土器」の何が変わるかを把握したい。

①岩手県二戸市金田一川遺跡[12]

　「遠賀川系」壺を棺身とし、精製浅鉢を棺蓋とする合口式壺棺で、棺身の壺は頸部に溝間刺突文を、肩部に3条の横線文を配する（図1）。これに対して棺蓋の浅鉢は、先にふれたようにA'式・砂沢式の2説が並立する土器であるが、模型図に採用されつづけたA'式の標式資料と較べると[13]、いくつかの相違が看取される。無文帯の存在はもちろんのこと、工字文の下端を画する横線は1条多く、斜辺にも弧線が加わる。
　したがって、A'式より新しいことは間違いないが、しかし砂沢式に含めることも難しい。近年の砂沢式細別の諸案と照らし合わせても、本例と特徴を同じくする単段の変形工字文土器はみあたらないからである。むしろ、粘土瘤のズレと、加わった弧線の役割とに着目するならば、本例には複段化の途上形態として、独立した位置をあたえられるのが最もふさわしい。類例として、青森県弘前市三和砂沢遺跡2号土坑の台付鉢を掲げておく。

②青森県南部町剣吉荒町遺跡[14]

　慶応義塾大学の調査資料が、近年報告されている。精製の浅鉢には、三角連繋文と三角単位文とを重ねた複段変形工字文が描かれ、連繋＋単位の組み合わせであるがゆえに、金田一川遺跡例からの変化もスムーズに辿りうる。報告された資料のことごとくが、短い時間幅に収まるのでないだろうが、少なくとも「遠賀川系土器」の特徴は、金田一川遺跡のそれと相違するらしい。横長の列点を挟んだ溝間列点文があり、横線文の条数も、精製土器の区画文と同じ2条のものが眼につく。

③青森県八戸市是川堀田遺跡・中居遺跡G区

　浅鉢は複段変形工字文を器面全体に描く。堀田遺跡例は工字文が弛緩し、中居遺跡G区土器集中3の例では3条一組の横線文で下端を填めるなど、剣吉荒町遺跡にない新しい特徴がそなわる。ただし、筆者が前期末におく[15]、田向冷水式の最も古い段階にあたる例はみあたらない。
　以上の、A'→金田一川→剣吉荒町→是川→田向冷水の序列に従って、「遠賀川系土器」の変化を整理すると、砂沢式の直前には円形の溝間刺突文がみとめられ、複段変形工字文が成立する砂沢式期では、これに横長の列点が加わる。わずかではあるものの、こうした変化をまずは指摘しうるのである。

4　生石2式の上限

　東北「遠賀川系土器」論において看過できない遺跡の1つが④山形県酒田市生石2遺跡であり、岩見和泰はこの地を起点として「遠賀川系土器」が拡散したと考えた[16]。縄文で飾った壺を欠くことから当初より古手とみられてきたが、しかしどの地域からどの地域へ影響したかは、「遠賀川系土器」を較べても確証が得られない。そこで、共伴する生石2式土器と、金田一川遺跡の鉢や砂沢式土器とではいずれが古いのか、大洞A'式からの距離を測ることによって、考えてみたい。
　「遠賀川系土器」が出土しているのは、C区である。C区の出土品はB区のそれに先行するといい、それぞれ砂沢式の古い部分と新しい部分とに位置があたえられている[17]。
　図1-17・18は、C区内の比較的近い位置で出土している土器である。砂沢遺跡の砂沢式と同じ

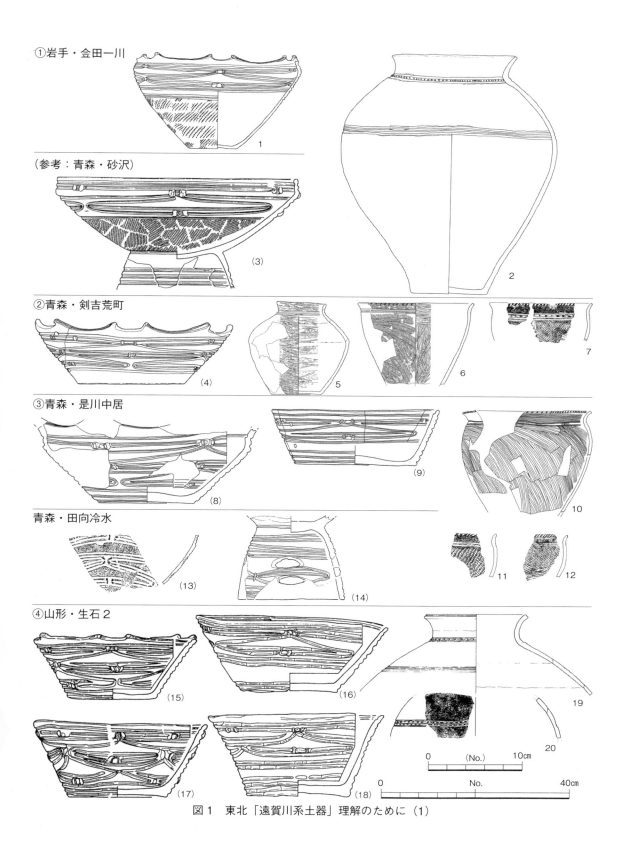

図1　東北「遠賀川系土器」理解のために（1）

く,変形工字文は複段・単段の両種が併存するらしい。下端を3条の横線文で画する点で共通する。他方,C区にはこれらと違った構図をそなえる例もみられる。15と16は2条の横線文をもつが,複段構成をとる15と先掲の17とを較べると,前者が本来の形状を維持しているのに対して,17は弧線化し,下段の三角単位文は一部連繋化してしまっている。単段の例においても,16の工字文の斜辺は直線的で,底辺中央の瘤も本来あるべき位置に貼付してあることがみてとれる。したがって,C区の土器は小細別を内包するうえ,その古い段階であっても,複段の変形工字文はすでに器面全体を充たしており,これは生石2式の上限が,金田一川例の段階はもちろん,砂沢式の古い部分まで遡らないことを示していよう。当然,「遠賀川系土器」の出現も,東北北部の方が早いとみて差し支えあるまい。

いま,生石2式が大洞A′式の直後でない,という感触を得て,「遠賀川系土器」の拡散した方向を決定づけたが,しかしそうすると,A′式より新しく,かつ,生石2式に先行する段階がなくてはならない。その候補にのぼるのが,山形県村山市楯岡作野遺跡ST40の出土品の一部である。図2-23は無文帯をもつものの,複段変形工字文を欠く。そうして,「遠賀川系土器」もみあたらない。

したがってこの種の土器は砂沢式の南漸を契機として出現した,とみてよいようである。砂沢式に付随しているからこそ,北上川流域や三陸に展開しなかったのであり,同式が日本海沿岸を南進したからこそ,庄内平野へと到達したのである。

5　福島「遠賀川系土器」のヒアタス

本稿の最後の課題は,最古の「遠賀川系土器」を擁する福島県域の実態解明である。

⑤福島県石川町鳥内遺跡18号土坑

17・18・19号の3土坑が切り合い,「遠賀川系」壺棺が出土した本土坑が最も古い。17号土坑が御代田式期にあたることから,同式より新しくならないことが検討の出発点となる。本土坑には「遠賀川系土器」2個体を含む13例の壺棺が埋納されるが,「遠賀川系」以外は素文である。沈線で匹字文を描いた精製の浅鉢片も検出されているが,混入品とみられ,年代決定の根拠とするのは難しい。

鈴木正博の分析に導かれつつ[18],18号土坑の年代を吟味するならば,砂沢式の波動が及んだ藤堂塚S式の場合,素文の壺は縄文を施すか,無文であり,帯状に展開する文様を欠く。他方,本土坑の例では,列点文を口唇部や頸部に配するなどして,装飾性をやや高めている。「遠賀川系土器」では溝間列点文に加え,添線列点文が出現する。

⑥福島県伊達市霊山町根古屋遺跡25号土坑

この遺構の出土品に関する系統と年代の検討は,今回扱ったなかで最も難しい。何となれば,「遠賀川系土器」以外の2例もおしなべて類例が乏しいからであり,土器型式によって位置を定めることは,筆者の力量をはるかに超えている。

しかし,可能なかぎりで接近を試みれば,27と先にとりあげた作野遺跡の無文壺(24)とで形制を同じくする点が,筆者の注意を惹く。25の有文壺の「ハ」の字文様も,33の鳥内遺跡例と共通しており,最上川流域由来の特徴が本地域におよんだことを,これらは示していよう。そうして,「遠賀川系土器」における列点文の変容などを勘案すると,根古屋25号土坑→鳥内18号土坑の関係が導かれる。25号土坑の年代がいよいよ問題となるが,作野遺跡例との近縁ぶりからすれば,そう新しく見積もらずともよいのかもしれない。おおよそ,生石2遺跡C区の時間幅で捉えて大過ないのではなかろうか。

いずれにせよ根古屋・鳥内の両例は,特徴のうえでも,年代のうえでも,山形方面との関係性において初めて理解することができる。言い換えるならば,同じ福島であっても,荒屋敷遺跡の畿内第Ⅰ様式土器(図2-29)とは,特徴のうえでも,

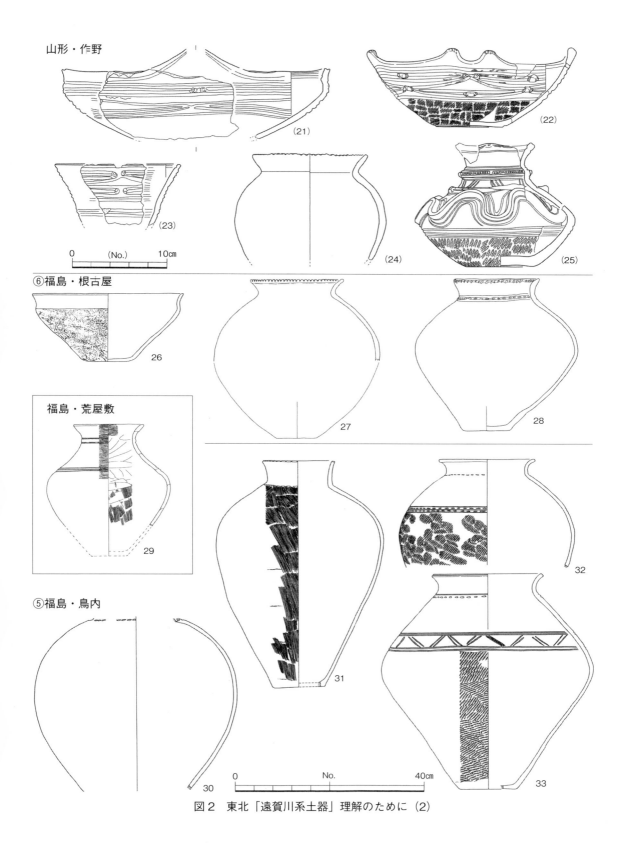

図2 東北「遠賀川系土器」理解のために（2）

年代のうえでも断絶があり，それが根古屋・鳥内両例の成立に関与していたとは考えにくい。鈴木が根古屋遺跡例を「砂沢式系弥生式土器」と呼び放ったとおり[19]，結局は砂沢式の南漸に付随して八戸→津軽→庄内→福島の経路で拡散し，独自の発展を遂げた在来の系統なのであろう。

とすれば，遠賀川式を直接の母体とするとの前提は，一応放棄するのが正しいようである。成立の基盤は本当に亀ヶ岡式には胚胎していないのか，全精神を集中して点検しなければならないだろう。

6 「遠賀川系土器」と亀ヶ岡文化の解体

弥生文化を特徴づける文物は，東北北部であっても前期には登場する。砂沢遺跡の水田の年代はなおも流動的であるものの，碧玉製円筒形管玉の出現をとってみれば，是川中居遺跡では，砂沢式に次ぐ前期末の田向冷水式最初頭に埋納された例があり，砂沢遺跡でも，続・砂沢式が主体を占めるA10区での出土をみる。これらは新しい価値の発生であり，亀ヶ岡文化が解体し，再編されゆく重大な局面を，ここに垣間見る。

砂沢式と東北「遠賀川系土器」の南漸は，この1つ前に発生している現象である。亀ヶ岡文化を解体に導く新しいチャネルの形成の経緯が，ここに顕れているように思うのである。

註

1) 佐原　眞「みちのくの遠賀川」『東アジアの考古と歴史―岡崎敬先生退官記念論集―』中，1987
2) 鈴木正博「『流れ』流れて北奥「遠賀川系土器」」『利根川』8，1987
　　高瀬克範「東北地方初期弥生土器における遠賀川系要素の系譜」『考古学研究』46―4，2000
3) 森本六爾「東日本の縄文式時代に於ける弥生式並に祝部式系文化の要素摘出の問題」『考古学』4―1，1933
4) 杉原荘介「弥生文化」『日本考古学講座』4，1955
5) 中村五郎「東部・西部弥生式土器と続縄紋土器の編年関係―福島県の資料を基準として―」『北奥古代文化』10，1978
　　中村五郎『畿内第Ⅰ様式に並行する東日本の土器』1982
6) 鈴木正博「「荒海式」生成論序説」『古代探叢』Ⅱ，1985
　　工藤竹久「東北北部における亀ヶ岡式土器の終末」『考古学雑誌』72―4，1987
　　中村五郎『弥生文化の曙光―縄文・弥生両文化の接点―』1988
7) 松本建速「大洞A'式土器を作った人々と砂沢式土器を作った人々」『北方の考古学』1998
8) 矢島敬之「津軽・砂沢式直後土器雑考」『村越潔先生古稀記念論文集』2000
9) 鈴木正博「「砂沢式縁辺文化」生成論序説―「砂沢式」南下と連動した「藤堂塚S式」の制定と杉原荘介氏命名「有肩甕」の今日的評価―」『婆良岐考古』22，2000
10) 齋藤瑞穂「東北地方における遠賀川系土器の展開に関する一試論」『筑波大学先史学・考古学研究』12，2001
11) 前掲註2高瀬文献，前掲註7文献，櫻井はるえ「剣吉荒町遺跡出土の類遠賀川系土器について」後掲註14文献所収
12) 佐藤嘉広「岩手県二戸市金田一川遺跡出土の土器について」『岩手考古学』6，1994
13) 大坂　拓「本州島東北部における初期弥生土器の成立過程―大洞A'式土器の再検討と「特殊工字文土器群」の提唱―」『江豚沢』Ⅰ，2012
14) 安藤広道ほか『東日本先史時代土器編年における標式資料・基準資料の基礎的研究―平成18～20年度科学研究費補助金（基盤研究(C)）研究成果報告書―』2009
15) 齋藤瑞穂「東北「遠賀川系土器」再論」『人文科学研究』138，2016
16) 岩見和泰「前期弥生土器成立期の様相―山形県生石2遺跡出土土器を中心に―」『古代文化』54―10，2002
17) 佐藤祐輔「生石2遺跡をめぐる研究史―「生石式」と「生石2式」―」『さあべい』22，2006
　　佐藤祐輔「東北地方南部における砂沢式並行期の土器について」『弥生時代における砂沢式土器の諸問題―資料集―』2008
18) 前掲註9文献
19) 鈴木正博「荒海貝塚文化の原風土」『古代』95，1993

第Ⅱ章　晩期・亀ヶ岡文化の特質―晩期とその直後―

東北晩期の円形大型住居と社会組織

武藤康弘

1　はじめに

　縄文時代晩期は，それ以前の時期に比較して極端に住居や集落跡といった居住遺跡が少ない時期である。そして，数少ない住居跡のなかで，直径ないしは長軸長が8mを超える大型住居が比較的高い率で出現している。はじめて縄文時代晩期の大型住居が検出されたのは，学史に名高い埼玉県さいたま市の真福寺貝塚の第2地点第1号住居跡である。1940（昭和15）年に東京大学人類学教室によって調査され，長軸長が10mほどの方形の住居跡が発掘されたのであった。その後，酒詰仲男によって，この住居が長軸長8m前後の住居跡が重複して規模が大きくなっていることが指摘されたが，それでも住居の規模は大型である[1]。

　戦後になって，1959年に東北地方の青森県弘前市大森勝山遺跡の住居跡が調査され，直径13mの大型住居が検出された[2]。縄文時代晩期の竪穴住居の発掘事例は希少で，さらに直径13mを超える規模の住居は，極めて珍しいものであった。この住居の資料などをもとに，大型住居の機能論に関する論考が塚田光によって展開されたのであった[3]。このように，学史を振り返ってみると，晩期の住居跡は，発見当初から大型住居であったことがわかる。

　それでは，大森勝山遺跡の住居跡に代表されるような円形大型住居は，いつ頃から出現しているのであろうか。円形大型住居は竪穴構造で円形ないしは隅丸方形の平面形を有し，住居床面積が通常住居の3，4倍にも達する大型の住居である。円形大型住居は長方形大型住居とは異なり，主に縄文時代後期および晩期に発達する。しかし，縄文時代草創期に一部存在するほか，関東地方の前期中葉から後葉の時期でもみられる。次の中期では長方形大型住居が大型住居の主体になるが，長方形大型住居が終焉をむかえる中期末の時期には，東北地方南部で再び発達する。とくに複式炉が設置された住居に多く，福島県仲平遺跡と曲木沢遺跡では直径8mを超える円形大型住居が，同県法正尻遺跡では直径約9mの円形大型住居跡が検出されている。その後，後期初頭から前葉の時期には東北地方で竪穴住居がほとんど存在しなくなる。そして，後期中葉になって，竪穴住居が再び建てられるようになると，東日本一円で再度円形大型住居も出現するようになる。縄文時代後・晩期は竪穴住居そのものが僅少であることと，一基あたりの床面積が大きな住居の出現率が前・中期よりも際だって高いことが特徴である。東北地方においても晩期前葉までの竪穴住居は大型の傾向がある。一方，関東地方においても縄文時代後・晩期に東部の千葉県などで円形大型住居が集中して出現している。その後，晩期後葉になると東日本全域で竪穴住居の検出例が激減するが，円形大型住居は続縄文期まで東北地方北部と北海道南部に残存する[4]。晩期の円形大型住居の消長と続縄文期への移行については，後段で詳述したい。

2　晩期の大型住居の個別資料の分析

　北海道から福島県までの縄文時代の大型住居の集成は，2011（平成23）年に北日本縄文文化研究会によって行なわれている[5]。この大型住居の集成は，

長軸長が8mを超える規模を大型住居の基準値としている。この規模を上回る縄文時代晩期の亀ヶ岡文化期の円形大型住居は，北海道南部と福島県では検出されていないため，両地域を除いた，青森県，秋田県，岩手県，宮城県で，総数15事例報告されている。以下に県ごとに個別事例をみてみたい。

（1）青森県

青森県では，津軽で6基，南部で2基検出されている。個別事例としては以下のものがあげられる[6]。

①弘前市大森勝山遺跡（図1）　調査時期が昭和34年と比較的初期の発掘資料であるが，いまだに青森県ないしは，東日本の縄文時代晩期の大型住居の代表例として，しばしば言及される。長軸13m，短軸12m，150㎡の床面積を有する巨大なで円形の平面形の大型住居である。床面には，4本の主柱穴と竪穴の壁際に小柱穴列が配列されていて，中央には，巨大な住居に対応するように直径約2mの石囲炉が設置されている。住居の時期は，晩期前葉の大洞B式である[7]。

②弘前市十腰内1遺跡（図2）　大森勝山遺跡の大型住居に類似した規模と構造を有する大型住居が，隣接する十腰内1遺跡でも検出されている。直径13m，床面積136.2㎡の規模を有する円形の平面形の竪穴住居である。主柱穴跡の配列は明確ではないが，4本が方形に配列されている。壁際には，小柱穴の配列が確認される。住居中央に風倒木による攪乱があるため，床面が一部破壊されているが，住居中央で石囲炉が検出されている。住居の時期は晩期前葉の大洞B式である[8]。

ほぼ同時期の大型住居が青森市の源常平遺跡で，2基検出されている[9]。

③源常平遺跡67号住居跡　削平を受けているため，全体の形状は不明であるが，直径8.5mの円形状に壁柱穴とみられる小柱穴が配列されている。炉跡は確認されていない。住居の時期は晩期前葉の大洞B式である。

④源常平遺跡70号住居跡（図3）　全体に削平を受けていることと，他時期の住居跡と重複しているため，竪穴の掘り込みなどは部分的にしか確認されていないが，長軸長9.84m，短軸長9.6mのほぼ円形に壁柱穴とみられる小柱穴が配列されている。床面の中央東よりに地床炉が検出されているほか，壁よりにフラスコ状の貯蔵穴が2基検出されている。住居の時期は晩期前葉の大洞B式である。

晩期後半の事例としては，五所川原市の千苅(1)遺跡で発掘されている[10]。

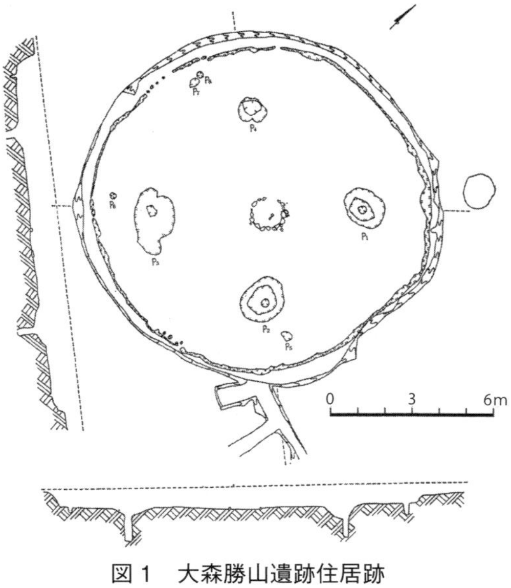

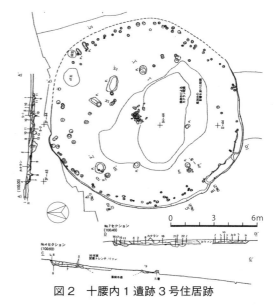

図1　大森勝山遺跡住居跡

図2　十腰内1遺跡3号住居跡

⑤**五所川原市千苅(1)遺跡1号住居跡**　調査区内では約半分が検出されただけで，全体の形状は不明であるが，直径16m，推定床面積200㎡を超える巨大な住居跡である。住居の外縁を構成する壁柱穴と推定される小柱穴列が2重に巡っていることから，複数回の建て替えが想定される。主柱穴などや炉跡は確認されていない。時期は大洞A式，晩期後半である。

⑥**五所川原市千苅(1)遺跡2号住居跡**（図4）
1号住居と同様に，調査区内では半分強が検出されたのみで，全体の形状は不明であるが，直径11.8m，推定床面積109.3㎡の円形の大型住居である。ほかの住居跡と重複しているため，主柱穴の配置や炉に確認されていない。住居の外縁を構成する小柱穴の配列が2列確認されていることから，複数回の建て替えが想定される。住居の時期は，晩期中葉の大洞C2式である。

このほかに晩期後葉の時期の住居は，太平洋側の八戸市松石橋遺跡で2基検出されている。いずれも部分的な調査であるため，規模や平面形等不明な部分が多く，大型住居であるかは，判断できない。松石橋遺跡14号住居跡は長軸長6m以上，短軸長5.4m以上の円形または楕円形の竪穴住居で，石囲炉が検出されている。松石橋遺跡15号住居跡は長軸長6.3m以上，短軸長4m以上の円形または楕円形の竪穴住居で，地床炉が検出されている[11]。

さらに，津軽ダム関連遺跡の調査において，従来からその実態が不明な部分が多かった縄文時代後期と晩期の集落遺跡が発掘されている。とくに，青森県中津軽郡西目屋村の川原平(1)遺跡では，大型住居を含む晩期の竪穴住居が複数発掘されており，集落および住居研究の上で注目されている[12]。川原平(1)遺跡の集落の中心部分の発掘調査報告書の遺構編は現在準備中とのことなので，いずれ稿を改めて検討してみたい。

(2) 岩手県

岩手県では，県北部で2事例，県南部で1事例の晩期の大型住居が検出されている[13]。

⑦**二戸市上杉沢遺跡26号住居跡**　長軸長短軸長とも9mの円形ないしは隅丸方形の大型竪穴住居である。主柱穴配置は明確ではないが，竪穴住居の壁際に周溝と小柱穴列がみられる。床面中央に円形ないしは隅丸方形の土器埋設石囲炉が設置されている。住居の時期は，晩期後葉の大洞AからA'式の時期である[14]。

⑧**二戸市上杉沢遺跡28号住居跡**　長軸長9m，短軸長7.9mの円形の大型竪穴住居である。主柱穴配置は明確ではないが，竪穴住居の壁際に周溝がみられる。ほかの住居と重複しているため，床面上の施設は明確ではない。住居の時期は，晩期

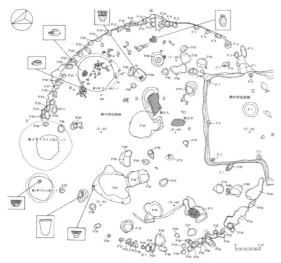

図3　源常平遺跡70号住居

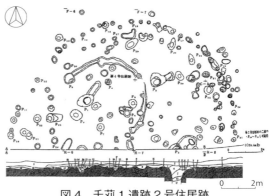

図4　千苅1遺跡2号住居跡

後葉の大洞AからA'式の時期である[15]。

このほかに,岩手県内では長者屋敷遺跡で1事例,県南部では一関市で1事例が確認されている[16]。

⑨八幡平市長者屋敷遺跡QⅣ-1住居　隅丸方形の平面形の竪穴住居で,長軸長8.7mの規模を有するが,短軸長は不明である。石囲炉が1基設置されている。焼失家屋であるが,細別時期などは不明である[17]。

⑩一関市中神遺跡B区2号住居跡　長軸長9m,短軸長8mの不整円形の竪穴住居で,主柱穴の配置は4本,床面中央に地床炉が確認されている。周溝の重複から4回の改築が想定されている。住居の時期は,大洞B式からBC式の時期である[18]。

(3) 秋田県

秋田県では,県北部で1事例と県南部で1事例の縄文時代晩期の大型住居が検出されている[19]。

⑪北秋田市藤株遺跡SI22住居跡　直径8mの円形の住居跡で,住居床面の掘り込みは確認されていない。主柱穴は4本と推定され,住居外縁部を構成する小柱穴列が確認されている。小柱穴列には,一部途切れている部分がある。炉跡の床面上の施設は検出されていない。住居の時期については,晩期と推定されている[20]。

⑫横手市虫内Ⅰ遺跡SB2025A・B住居跡　調査区外まで広がっているため,全体の規模と形状は不明の部分があるが,直径13m以上の円形の大型住居と推定される。床面の掘り込みは確認されないが,主柱穴の配列は,4本の方形で,住居外縁を構成する小柱穴列が確認されている。主柱穴配置の重複と外周の小柱穴列が2列確認されることから複数回の建て替え,ないしは重複と推定される。住居の時期は,大洞BC式である[21]。

(4) 山形県

山形県内の縄文時代晩期の大型住居は,県中央部の西村山郡西川町で後葉の時期のものが2基確認されている[22]。

⑬西川町的場遺跡ST1住居跡　調査区外に広がっているため完掘されていないが,長軸長8.5m以上,短軸長4.4m以上の規模を有する楕円形の平面形の竪穴住居である。炉跡は確認されていないが,床面上で焼土が1ヵ所確認されている。住居の時期は,晩期後葉の大洞AからA'式の時期である[23]。

⑭14西川町的場遺跡ST3住居跡　長軸長10.2m,短軸長9.4m,床面積68㎡の規模を有する円形の平面形の竪穴住居である。主柱穴の配列は明確ではないが,床面中央に石囲炉が,その東に小型の石囲炉が配置されているほか,床面に2ヵ所埋設土器がある。住居の時期は,大洞C2式の時期である[24]。

(5) 宮城県

宮城県内では,晩期の大型住居跡が,県中央部の黒川郡大和町で1ヵ所確認されている[25]。

⑮大和町摺荻遺跡16号住居跡　直径8.8mの円形の竪穴住居である。主柱穴の配列は明確ではないが,住居壁際に周溝と小柱穴列が複数列確認されており,少なくとも2時期の住居が重複しているものと推定されている。住居の時期は晩期後葉の大洞C2式からA式で,古期の住居跡が地床炉で,その後新期の住居跡では,床面中央に石囲炉が設置されている[26]。

3　縄文時代晩期の大型住居の居住施設としての特性

晩期の大型住居は,前節での個別事例にみられるように,概ね円形の平面形を有する竪穴住居である。主柱穴の配置は,明確なものでは4本が多く,床面外周には,竪穴の壁面を補強する小型柱穴が密接して配列されている。床面の中央には,住居規模に対応するように大型の石囲炉が設置されたものが多いことが特徴としてあげられる。また,住居中央から炉がややずれた位置に設置されるものも多く,石囲炉以外に床面上で複数の焼土が確認されているものもある。さらに,規模が大

きいために床面が地形に合わせて傾斜している事例も多く，注目される点である。

最大の特徴である住居規模は，直径ないしは長軸長が8〜13mもあり，床面積においては，通常規模の住居の2倍程度，場合によっては5倍に達するものもある。

このような大型住居の変遷を通時的に分析してみると，縄文時代後期中葉の加曽利B式の時期に，東日本全域に分布が広がる入口の張り出し構造が付設された大型住居ないし大型建物跡に類似しているといえる。しかし，住居の柱穴配列や集落内での立地のあり方は，異なる部分が多い。縄文時代後期の張り出し構造付の大型住居跡ないし，大型建物跡は，横口の入口部と連結するハの字状の連結柱穴をもつものが多いが，この特徴的な柱穴や張り出し状の入口構造は，前述した縄文時代晩期の大型住居には存在しない。したがって，縄文時代後期の円形大型住居と晩期の円形大型住居と系統的な関連性は，現在までのところ，発掘事例が少ないこともあって不明な部分が多い。縄文時代後期後葉から，集落遺跡もさることながら，住居跡そのものの検出例が，縄文時代中期に比較すると激減するといってよい。この傾向が晩期になるとさらに強まり，縄文時代晩期の竪穴住居跡や集落遺跡は非常に少ない。このように住居跡全体の検出事例が少ないなかで，大型住居の検出事例が多いということは，その機能を推定する上で重要な論点を提示しているといえる。晩期の大型住居の床面上には，前期や中期の長方形大型住居にみられる間仕切りの痕跡などと推定される小柱穴などが検出されている事例はない。しかし，床面中央からややずれた位置に設置された大型の石囲炉や，床面上で部分的に検出される焼土などの存在は，これらの大型住居も，複数家族が同居して世帯が構成されるような複合居住家屋として機能したことを示すものと筆者は推定している。

晩期の大型住居は，道路建設などで，帯状に延びた調査区のなかで，1基ないしは2基程度が隣接して検出される事例が大半である。秋田県北秋田市の藤株遺跡や，青森県内ではじめて晩期の大規模な集落遺跡が墓域や盛り土を伴って検出された川原平(1)遺跡のように，小型住居や大型住居が複数検出されている集落遺跡の調査事例はいまだに少ないが，集落遺跡の分析によって，大型住居の機能についての検討が進展するものと考えられる。また，晩期の居住遺跡の僅少性と住居規模の大型化という現象は，そのまま続縄文期にも引き継がれるものと考えられる。しかし，筆者が竪穴住居の住まい方の解釈モデルとする竪穴居住民の民族誌例にみられる住まい方は，非常に複雑である。住居に住まう人々の家族構成も拡大家族を中心にしているものの，それ以外の人物も同居していたりする。文化人類学の視座からは，住居を共有するという世帯の構成から住居構造や住まい方の研究へと向かうのであるが，考古学の視座からは，これとは逆に痕跡のみの住居から住まい方，つまり世帯の構成などへと分析が進む。この点に考古学資料の解釈の難しさがある[27]。

4　縄文時代晩期の住居と集落立地の地域性

縄文時代晩期の集落立地は，日本海側の秋田県や青森県津軽地方と奥羽山脈の東側の岩手県内陸部や宮城県の事例との間で，差異が見いだせそうではある。しかし，現状では発掘調査事例が少ないため，以下のような漠然とした傾向を指摘できるのみである。

晩期の集落遺跡は，立地の上では青森県川原平(1)遺跡のような台地上だけではなく，丘陵の緩斜面などの傾斜地などに立地する事例がみられる。この傾向は，西日本でもみられ，兵庫県佃遺跡などが典型例としてあげられる。さらに，盆地や沖積平野などに向けて形成された扇状地の扇端部に立地する点も特徴的である。このような事例は，石川県の手取川扇状地の端部から沖積地にか

けて分布する縄文時代後晩期の遺跡にもみられる。加えて，縄文時代後期以降は，新潟県の青田遺跡のように河川流域の沖積地自然堤防などの流路に沿った微高地や，旧河道に沿った微高地に遺跡が立地するという特徴もみられる。中期までの遺跡が，鉄道や道路建設などに伴って発掘される事例が多いのに対して，後期や晩期の遺跡は，圃場整備などで発見されるのが多いのはこのためである。このような沖積地への居住域の広がりは，稲作受容の先適応と考えられる[28]。

上記のように，縄文時代晩期の集落遺跡の立地は，河岸段丘や台地上で竪穴住居が密集して検出される縄文時代中期の集落立地とは，明らかに異なっているといえる[29]。

縄文時代晩期の集落遺跡の立地という視点から，東北地方日本海側の遺跡の在り方を見てみると，秋田県や新潟県の平野部や内陸の盆地周辺では，上記のような遺跡立地の沖積地と丘陵への分離が明確にみられる。また岩手県内でも内陸盆地の丘陵端部や，河川の自然堤防上への集落立地と，さらに盆地後背部の丘陵上へと，微地形に応じた住み分けがみられる。

このような，縄文時代晩期の集落立地の分化は，どのようにして生起して，後の時代へと継続していくのであろうか。現状では，晩期の住居，集落遺跡が少ないため，十分に解明されているとはいえないが，以下のように概要がまとめられる。

日本海側の地域では，沿岸の平野と周辺の丘陵との境界域の微高地や，沖積平野の河川の自然堤防などの微高地などへの遺跡立地がみられる。その一方で，沖積平野の後背地の丘陵の斜面などや鞍部などの山地指向の立地と分離していく傾向がみられる。このような集落立地の2様の指向性が，とくに後者において住居規模の大型化を同時に進行させている可能性が予測される。そして，続縄文期における円形大型住居の出現率の高さは，このような居住システムが反映されている可能性がある。

東北地方の縄文時代晩期の住居跡の分布状況を俯瞰してみると，日本海側と太平洋側で住居型式に大きな違いが見いだされる。とくに，秋田県や新潟県をはじめとする日本海側では遺跡立地の低地化が顕著にみられ，住居型式として掘立柱建物が卓越するという傾向がみられる。これに対して，岩手県北部から三八上北地方そして津軽地方までは，竪穴住居が卓越しているといえる。このような差異は，どのように形成されているのであろうか。前述のような集落立地と密接に連関しているものと考えられる。そして，このような住居型式と立地の差異は，晩期を通じて継続し，後代の続縄文期まで引きつがれるのであろう。

5　おわりに

縄文時代晩期の東北地方においては，日本海側では縄文時代晩期以降，遺跡立地の低地化によって，生業領域も河川の自然堤防などの低地を中心に展開したものと推察される。このような生態環境の中では，住居型式は竪穴住居よりも掘立柱建物が適しているといえる。一方，岩手県北部から青森県の山地帯に展開する遺跡では，狩猟採集的な生業活動が継続していたものと考えられる。当然，住居型式も従来からの竪穴住居が継続的に利用されていたものと考えられる。このように住居型式の変化は，一方向的に急速に変化したのではなく，分化しながら爬行的に変化したものと考えられるのである。

住居の大きさは，収容人数の多さと正の相関関係にある。そして，居住人員ないしは収容人数の増減は，ジェームズ・ディーツ[30]の研究のように，居住形態の変動によってもたらされ，住居規模の変動にも反映しているものと考えられる。

縄文時代晩期の大型竪穴住居は，生業活動の継続性とともに続縄文期に引き継がれたものと推定される。続縄文期にも大型住居が多いのは，複数家族が集住して世帯を構成するという，居住形態

すなわち住まい方を選択した，彼らの社会をある程度まで反映している可能性があるのである。

　一方，弥生時代においても，秋田県の地蔵田遺跡のような大型住居が存在する。近年縄文時代から弥生時代への移行が，従来よりも長期間に及んでいたことが提唱されているが，その間，生業活動も含めて様々な社会変動があったものと考えられる。晩期後半の集落遺跡に柵列状の遺構がともなうのは，このような状況を反映している可能性もある[31]。

註
1) 酒詰仲男「埼玉県真福寺貝塚第2地点第1号住居址について」『人文学』59，1962
2) 弘前大学國史研究会『岩木山　岩木山麓古代遺跡発掘調査報告書』1968
3) 塚田　光「真福寺の巨大な住居址の再検討」『考古学手帖』8，1959，塚田　光「縄文時代の共同体」『歴史教育』14—3，1969
4) 武藤康弘「縄文集落研究の動向」『民俗建築』89，1985
5) 鈴木克彦『北日本縄文時代大型住居集成』北日本縄文文化研究会，2011
6) 鈴木克彦・中村哲也「青森県の大型住居集成」『北日本縄文時代大型住居集成』北日本縄文文化研究会，2011
7) 岩手県埋蔵文化財センター『松尾村長者屋敷遺跡（Ⅱ）』1981
8) 青森県教育委員会『十腰内(1)遺跡』1999
9) 青森県教育委員会『源常平遺跡発掘調査報告書』1978
10) 青森県教育委員会『千苅(1)遺跡』1995
11) 前掲註6に同じ
12) 青森県埋蔵文化財センター『川原平(1)遺跡』2016
13) 阿部勝則・須原　拓「岩手県の大型住居集成」『北日本縄文時代大型住居集成』北日本縄文文化研究会，2011
14) 浄法寺町教育委員会『上杉沢遺跡』2001
15) 前掲註14に同じ
16) 前掲註13に同じ
17) 前掲註7に同じ
18) 花泉町教育委員会『中神遺跡の調査』1997
19) 新海和広「秋田県の大型住居集成」『北日本縄文時代大型住居集成』北日本縄文文化研究会，2011
20) 秋田県教育委員会『藤株遺跡発掘調査報告書』1981
21) 秋田県教育委員会『虫内Ⅰ遺跡―東北横断自動車道秋田線発掘調査報告書XXⅢ』1998
22) 菅原哲文「山形県の大型住居集成」『北日本縄文時代大型住居集成』北日本縄文文化研究会，2011
23) 山形県教育委員会『的場遺跡発掘調査報告書』1978
24) 前掲註23に同じ
25) 田村正樹「宮城県の大型住居集成」『北日本縄文時代大型住居集成』北日本縄文文化研究会，2011　武藤康弘「縄文時代の大型住居」安斎正人編『縄文式生活構造』同成社，1998，武藤康弘「縄文時代の大型住居」『講座日本の考古学4　縄文時代（下）』青木書店，2014
26) 宮城県教育委員会『摺萩遺跡』1990
27) 武藤康弘「民族誌からみた縄文時代の竪穴住居」『帝京大学山梨文化財研究所研究報告』6，1995
28) 武藤康弘「竪穴住居と半定住―縄文時代の竪穴住居の居住施設としての非安定性」平野　修編『住まいと住まい方―遺跡・遺物から何を読みとるか』岩田書院，2000
29) 武藤康弘「民族事例からみる多様な住居の様相―平地式住居の実態―」小林謙一編『縄文時代の食と住まい』同成社，2016
30) Deetz,J. *The Dynamics of Stylistic Change in Arikara Ceramics.* The University of Illinois Press, 1965
31) 武藤康弘「亀ヶ岡文化の集落遺跡の構造」日本考古学協会編『亀ヶ岡文化―集落とその実体―』2001

亀ヶ岡文化の社会構造

鈴木克彦

1 部族社会の社会構造（社会組織・制度，宗教制度），**非親族的ソダリティー**（結社）

社会構造は，社会生活を営むために必然的にできた形而上の仕組みである社会組織，社会制度，宗教組織・制度である。その縄文ポリシーは，絆，道徳，倫理，平等である。

縄文時代は，狩猟文化の部族社会[1]であったと考える。E. R. サーヴィスは，人類がバンド社会—部族（平等）社会—首長制（不平等な階級）社会—未開国家—現代民俗社会に進化すると考えた。縄文晩期の亀ヶ岡文化は部族社会にあたる。共通の言語，信仰，習俗文化，交流経済圏を持ち，遠い先祖を共有する親族分節集団からなる血縁，地縁集団の多様な集合部族とその社会である。縄文社会の全体が，部族集合体の縄文民族であり，亀ヶ岡文化圏など各地域の文化圏の主体者は地域の生態に適応した領域を異にする部族（複合親族分節集団）である。

サーヴィスによると部族の社会組織は，リネージ，クランの親族関係に由来する親族的ソダリティーと職能単位（結社）の非親族的ソダリティーから成る。しかし，自身が認めるとおり社会の仕組みは複雑，多様であり，葬墓制事例を欠く民族誌による社会人類学の所論がそのまま縄文社会にあてはまる訳でなく，考え方を共有し，考古学は発掘資料により縄文時代の社会構造，宗教構造を独自に考える必要がある。社会の仕組みは集落構成，遺構，遺物に反映されているので，モデルとして亀ヶ岡文化の事例により無形の社会構造について考える。

亀ヶ岡文化圏は，亀ヶ岡式の文様や方言，信仰，習俗を共有する北日本の親族分節集団による複合部族の人文的領域である。その部族の社会・宗教構造は，住居，集落，土坑墓群，家族組織，村落共同体などや土器型式，土偶などの信仰遺物，信仰，仕来り，習俗文化などに反映される。

社会組織上の2つのソダリティーのうち，非親族的ソダリティーが専門，分業的な土器作り，玉作，シャマンなどの職能組織である。その職能制が，亀ヶ岡式土器，遮光器土偶，芸術的工芸などの亀ヶ岡文化を発展させた。その特徴は，地域，文化圏を超え人々が遠隔に往来できる広域ネットワーク・システムを構築していることである。

このように縄文晩期・亀ヶ岡文化の社会構造は，部族の家族，親族分節集団の絆を大切にする社会組織と徒弟的な技術の継承と向上を重んじる分業的な職能制ソダリティーが発達，機能した平等で階級の無い秩序ある階層社会を形成し，協同で働き平等に再分配する互恵，互酬社会を築く仕組み，システムと規定できる。

2 生業と専業，分業

社会，集落を営む上で最も重要な労働（仕事）は，狩猟・漁労・採集・家内手工業などの生業である。これに男女の制があり，女性の仕事は主に家内手工業の範疇で，現在の民俗誌にみるとおり家庭的な植物性食料の採集，調理，衣服編み，籠編み，子育てなど，男性は狩猟・漁労などの力仕事を分担していたとみてよかろうが，老人男性の経験則，老人女性の習俗文化，昔話

の伝承文化の継承者としての役割（福祉，倫理）は忘却できない。

生業には，アイヌ民族と同様なイヲル制（占有地[2]）があったと考える。集落は食料や生活資材を確保する生業領域を定めて形成され，アイヌ社会では，河川流域に複数の父系親族の世帯から成る血縁，地縁集団のコタンが広大なイヲルを定め，季節的な夏と冬の家を持ち移動しつつその集団単位が厳格な仕来り（ルール）の下に共存し協同で生業活動を行なう。

共通する形式，型式が認められる土器・石器・遮光器土偶・玉作・漆工などの作り手は，熟練を要し専業的に分業されていたと考える。それを支えていたのが結社の広域ネットワークであり，社会進化の礎である。土器の型式は斉一性が高く，強い規制の下に個人的な意思を排除して作られており，広域に分布する器形，文様などの形制はアイデンティティーを示す合議制によって決定されていると考える。10軒以内の集落では子供が2割程を占め，各々分化した職能を賄うことが不可能だが，集落に職能方が居て他所の集落と連携して仕事を任せられていたから土器，石などの形制が統一される。土器は集落，村落単位でなく，小地域単位（村落共同体）に作り流木のある河川敷で協同で焼き，集落に分配されたと考える。

また，高度な技術を要する大型遮光器土偶とその形制は，首長をしのぐ[3]シャマン・ソダリティーが土器の作り手に指示して作ったと考える。翡翠玉作（ソダリティー）は翡翠の入手において翡翠産地との連携，友好関係が不可欠であり，技術の知識は親方の下で徒弟制的に伝授され地域に玉作技術者が居り，玉を嗜好する部族のニーズがそれを支えている[4]。

3　家族，親族集団の社会組織—住居と集落

住居に家族が住み世帯を成し，集落は親族分節の集合体である。青森県内の縄文晩期の人口を試算したところ，約1,340人から最大6,700人の範囲であった[5]。晩期の遺跡が多い青森県領域でも，ジャストモーメントで3,000人程と思われる。亀ヶ岡文化で最も住居数が多いのは岩手県曲田遺跡だが，ジャストモーメントで10軒を超える集落が確認されておらず，集落の住居数が少ない。言うなれば，（前代の後期に較べ）過疎である。それを克服し優れた文化を築くことができたのは，専業的なソダリティー結社が機能したからである。

居住制について，民族誌では父方，母方の双系居住もみられ，社会人類学では狩猟社会は男（父）系制が通説である。それは，生業の主体が男性労働の狩猟・漁労にあるからである。よって，母系制を採る場合は園耕民など，それなりの根拠を示して明らかにする必要がある。

縄文社会は，核家族[6]から成る住居が集合する集落，集落が集合する村落，地理的にまとまる複合村落共同体，そして交易経済・婚姻圏として地域社会を形成し，共通の方言，信仰，習俗文化を持っている。家族制度として集落は血縁の直系，傍系家族の氏族で成り立ち，大きい集落は親族，複数の氏族などの複合集団で結合し，外婚制により集団外に姻戚関係を拡大することによって連帯が強化される。しかし，10軒以内の集落ではせいぜい1，2の氏族の家族が居るだけで，それぞれ家長がいるので首長の職制は無用である。

青森県の縄文晩期の住居面積は平均16.92㎡で[7]，約4.5人の居住者が換算され核家族と想定できる。晩期に大型住居が多いのは他地域と同じで，それを入れると平均20.48㎡（約5.5人）になるが，この面積では大家族制を想定できず，子供の数が増えるか，尊属（祖父母）が同居する範囲である。

集落構成員の社会組織は，親族（リネージ）の氏族集団と考えてよいと思う。インセストタブーを考慮すれば外婚制で，姻族，親類親族を含め複合親族（クラン）の可能性もあろうが，考古学だけでは立証できないので，住居が複数，多数の集

落でも共通の近い先祖による直系，傍系の尊属，卑属の（父系）氏族集団と考え仮説化することが妥当と考える。住居が小さく，住居数が少ない集落は核家族の集団と考えてよかろう。

その中で，青森市源常平遺跡（4軒，大洞B式期？）の大型住居（32.7～43.3㎡，9～12人）は大家族制の可能性がある。このような大型住居の大家族制には，多人数家族，2世帯家族，直系3世代家族が考えられる。アイヌ民族では，首長が身寄りのない子女を養う里親制がみられ，夫が事故死し生計を維持できない婦子女を抱えることもある。見落としやすいが，不慮の事故が多い野外生業活動では十分考慮すべき問題である。もちろん，大型住居の共同施設（現代の公民館など），倉庫説などもまったく否定しないが，複数の大型住居の源常平遺跡などはその可能性がない。

4　村落（集落群）共同体と地域社会

青森県では，新井田川，馬淵川流域あるいは岩木川流域でも集落が流域単位にまとまって所在する。遺跡は概ね半径10kmのテリトリーを擁し，その中に遺物を多く出土する中枢集落があり，周囲に2，3軒程の住居（平均8㎡，約2人程度）と貯蔵穴を持つ小遺跡が点在し，相互の関係を母村と子村と捉えることができる[8]。子村は，生業にかかわって生じた分村や傍系親族（兄弟たちの分家）が独立した分村と想定できる。傍系の分村を包括するテリトリーは，氏族的な親族分節の村落共同体あるいは地縁の地域社会を形成していると考える。遺物の出土量，とくに信仰遺物が多く出土する是川中居遺跡，亀ヶ岡遺跡などは，祭りや集団儀礼を行なう母村，中枢集落と言えよう。秋田市御所野丘陵に，複数の集落による亀ヶ岡文化圏最大の村落がある。

小規模な集落は単体で生活，生業を維持できず，自給自足できる物資も限られる。先代からの分家筋の傍系親族の近くの集落と食料などを補う互酬制，家造りなど人手を多く要する作業は協同制が考えられる。傍系の分家は出自の本家のある河川流域などに居を構え，世代を経過するごとに集落が拡大，分散し，姻族もできてゆく。その集団が，親族分節や異なる氏族が共住する村落共同体である。それに伴い，共同体の占有生業領地が獲得される。

そういう複数の村落共同体を包括する領域が地域社会である。その内部に，必然的に食料，物資を交換する市ができ人々の交流の場になる。そればかりか，民俗誌にみる若人たちの伴侶探しの場になり通婚圏でもある。

5　土坑墓群と副葬品の多寡，玉

亀ヶ岡文化の特徴に土坑墓群がある。A：土坑墓群が住居近くの集落内にある場合（北海道札苅遺跡，秋田県地方遺跡など），B：住居から離れて集落外にある場合（北海道沢町遺跡，本誌口絵の西島松2遺跡，青森県朝日山遺跡など），C：住居周囲に土坑墓が群在する場合（北海道大川遺跡）の諸形態がある。共通する点は，一定領域に土坑墓群を成し土坑墓が単位（ユニット）を形成していることである。

Aの場合，住居および集落と土坑墓群の関係が一致し，集落の人々の墓（集落共同墓）と考えられる。住居が少数なら氏族墓，複数なら集落構成員の共同墓となる。

Bの土坑墓群の近くに住居が確認されない場合，集落と墓群の相互関係を特定できず複数集落の共同墓群と考えられ，墓の数が多くなる。それには，ア：氏族関係にある母村と子村の親族の共同墓，イ：地縁集団の村落の共同墓が想定される。しかし，アとしては墓数が多過ぎる。イは縁もゆかりも無い複数の氏族，親族分節が墓地を共有したことを証明できないが，墓数や墓群規模が大きい沢町，西島松2遺跡の場合はイの可能性がある。山頂にある朝日山遺跡は，眼下に細越遺跡が存在するものの，比高が100mもある山頂に土坑墓群が形成されている特異な事例である。

Cの大川遺跡の場合，多数の墓から成る墓域が

隣接し，双分的な構造を示している。出土遺物の内容が複合的で交易を行なっている可能性があり，集落構成員をリネージとクランの観点から検討する必要がある。村落共同体および地域社会において，先祖が共通する親族やそれを特定できない親類的な氏族を含むリネージ，（遠い先祖の）同一部族の縁者（クラン）とが共同で村落を形成する場合があり[9]，大川遺跡はそういう複合構成員の集落の墓域ではないかと考える。

亀ヶ岡文化では，副葬品の無い墓と，玉類・石器・土器などの副葬品，ベンガラなどが多量に出土する墓があるほかに大小の施設墓があり，副葬品の内容，質量と有無に多様性がある。そのため後者を富裕階層，階級（首長）と考える向きがあるが，遺物の質量的多寡は相対であり，副葬品を出土する墓もまた，余りに多い。

北海道，青森，秋田県の諸遺跡の玉出土墓比率の平均が17％，大川遺跡，上尾駮1C遺跡が42％，翡翠玉に限定すると大川16％，上尾駮32％である[10]。それ自体が異常だが，この比率で階級，首長とすれば首長だらけになり，石器，土器まで含めると副葬品を持つ比率が2倍以上になる。副葬品の多くは出土状態から家族，親族，他者（友人など）による埋葬時の奉納であり，埋め土からも出土し死者の生前の所有物と限らない。平等社会における副葬品の多寡にシャマン，社会的地位，生業などの指導者，人望，勲功，勇者，付き合いの広さ，生業中の事故死，幼若死，身障者，死因への同情，愛情・追悼表現などのほかに，玉に限定すれば玉作技術者も加えてよかろう。これだけ挙げるとどれかに該当することになろうが，私なら社会に貢献したシャマン，人徳賢者，福祉の観点から生業などの惜しまれた不慮の事故死者などを採りたい。いずれにしても，埋葬規制を定義せねば唯一の解釈論になる。

平等社会において玉を持つことが富なら，玉作の工人達は富裕層になる。玉の保持者はアイヌ社会では女性世襲装身具（タマサイ）である。集落に必ず翡翠玉が出土する訳でなく，富裕財，威信，階級表示と考える発想が貧弱で玉の有無で権威，財を誇示する貧相な社会と思えない。副葬は遺棄であり，一時的に玉が皆無になるので威信，富裕財であれば死者が出る都度，墓に副葬することにより玉（財）を失うという矛盾が生じる。

翡翠玉を嗜好する習俗文化があり，それを保持できるのは玉作技術者と玉作を支え流通にかかわる縁者達であり，謝礼，贈与，交換財として分配され，装身，儀礼行事，副葬具など多目的に利用，消費されていたと考える。首長（層）など特定の人物，階層の者達のために作ったのではない。

6 道徳的な社会制度と政治的構造

社会を営む仕組み（組織，制）に，自然発生的に生まれるものと意図的に作られるものがある。それに，1：自治の組織と道徳的習俗規範，2：年齢階梯，職能などの結社が持つ階層と内規（約束事），3：権力による政治的な組織，体制を維持する規則，法などがある。その境界は曖昧でも，縄文時代は1と2の範囲である。

人々が目標とする生活，社会は，共生，共住，そのポリシーは互恵，互酬と絆，平等である。不安定な狩猟生活では，そうせねば生きて行けず社会の法則である。亀ヶ岡文化の住居，墓などに大小や副葬品の有無程度の差があっても，統治の政治性，権力，支配の階級を裏付けるものでない。階層は，年齢，能力などにより社会を円滑に運営する人間関係の必然として生まれる。階層の上位（指導者，長）に権力，支配という政治性はない。階級も学術上定義されている。階層と階級を弁えず縄文時代に首長制階層（階級）があったと言うが，どちらにも受けとれる文が多く，階級化でなく階層化と言うのはレトリックである。首長制の制は，富，権力支配を恒常化する世襲の階級制度である[11]。

生業や日常生活において，統率，秩序ある社会を維持する仕組みの組織は社会の必然である。し

かし，20人程度の集落に政治的支配の首長は無用だし，氏族や村落にも長がいる。それはアイヌ社会のような能力の有る者やその家系の範囲で，富を特定の個人や氏族に集約したり，富を背景にした権力の政治性でない。狩猟社会の富は獲物の増獲得だが，一人でできない生業の結果の分配は均等で，独り占めしたりアイヌ社会のイヲル制のように掟を破れば制裁が待ち受けている。何よりも冷蔵庫の無い生活で生魚肉は疫病の発生源になり，シベリア民族誌では疫病で壊滅した村の事例があるくらい，疫病対策は狩猟民の鉄則である。どの社会でも争い事がある。その審判も合議制やシャマンの裁決である。しかし，すべてが現代のような民主主義でなく，縄文社会の法律は，例えば「会津の什の掟」のように道徳的な不文律なものであったに違いない。

生産余力（富）が生まれると，権力による支配の階級制に移行するのも歴史の法則である。その過程は，日本では縄文時代でなく弥生時代から古墳時代があたるが，体制律として中間があるのではないかという社会進化的歴史観があり，それがサーヴィスの首長制社会をモデルにした渡辺仁[12]の縄文階層化社会である。渡辺が縄文中期以後，高橋龍三郎[13]が部族から首長制に移行する中間過程の複雑化した社会として後期，晩期に求めたが，サーヴィスの首長制社会は世襲，公職の首長，貴族が経済，社会，宗教活動を統合，組織化し中央集権的に生産品，資源の余剰を集約し再分配する不平等で人口稠密な社会を指し，事実上の階級社会であり縄文社会に当てはまらない。

亀ヶ岡文化に関して，社会が首長制なら他地域の文化圏でも同じになるが，根拠が副葬品の多寡なので関東以西は該当しない。しかも，それは圏内でも北海道や日本海側だけで，首長が東北西部に居て東北東・南部に居ないという矛盾がある。亀ヶ岡文化では玉作技術などが発達し，数々の芸術文化を創造した。それが政治的社会の形成に繋がった形跡は微塵もなく，人々は階級制度の存在さえ知らなかったであろう。しかし，対極地（九州）がそういう社会に向かうに連れ，亀ヶ岡の部族は遠賀川系土器などにより稲作文化の裏にある階級社会の兆しを認知したと思われるが，階級制を受け入れた形跡がなく，受け入れたのは弥生文物と稲作である。東北北部で階級が萌芽するのは古墳後期の終末期古墳からであり，それ以前は無階級社会と断定できる。そんな状態で晩期に階級があったと言えまい。強いて言えば，渡辺と違う意味での，サーヴィスの言う階層である。

社会体制は，特定地域の遺物や遺構だけで解釈するものでない。縄文社会全体の歴史像，社会像として認識するものである。その方法論は，親族，氏族集団などの社会組織と社会を営む仕組みの社会制度を，考古学と先史社会学，人類学分野などが提携し理論的に考察するものなのである。

7 亀ヶ岡文化の宗教制度

縄文文化，亀ヶ岡文化の宗教制度はシャマニズムである[14]。それを立証することは至難だが，人々の信仰は無秩序に行なわれる訳でない。シャマニズム民族誌では，シャマンが狩猟の前後に豊猟，安全，獲物への感謝を祈願する儀礼や薬草などにより呪医行為を行ない，習俗文化の伝導者，社会の審判者として地域の福祉，習俗，秩序に貢献している。

U．ハルヴァ[15]は，ユーラシア大陸のシャマニズム民族誌として天空―シャマン―人々の宗教構造を明らかにした。シャマンが天に通じる弓矢，天に轟く鼓や楽器を補助霊，木偶を守護霊に，天すなわちアニミズムの霊魂と交霊する。H．フィンダイゼン[16]は，民族学と考古学によりシャマニズムの古層にアイヌ文化のイオマンテに通じる再生観が存在することを実証した。

信仰遺物が多い亀ヶ岡文化では，天の霊魂と交霊するシャマンに託した遮光器土偶が，最高の守護神で信仰の頂点に立つ存在であったと考える。その儀礼は，人々や社会の繁栄，安寧を祈る公的

なもので私的な御利益祈願と違う。個人，家族的な御利益祈願は，土偶を作るまでもなく呪文，合掌やアイヌ文化のイナウの木棒依り代で済む。個人が土偶を作って獲物を得，病気が治るなどという非科学的な妄想観念は持っていなかったとみてよい。それは信仰遺物の絶対数とも合わない。亀ヶ岡文化の社会を信仰，宗教が支配していると解釈する意見があるが，呪術が政治体制にかかわるのは卑弥呼の弥生文明社会からである。それ以前は信仰習俗の規範者，呪医であり，わが国では古来から霊魂と交霊し葬送儀礼にかかわっている。民俗誌の巫女の道具箱に梓弓，人形，牙・骨などが入っており，葬送の役割を担い，人形と牙は人間と動物の魂とされる[17]。シャマニズムに潜在する宗教観はアニミズム（霊魂）であり，宗教人類学の理論とも矛盾せず，人々の信仰は無秩序に行なわれる訳でない。

宗教制度を考える上で，社会の絆になる祖先崇拝の有無が問題になる。祖先とは生活を共にしない祖父母以前の尊属死者を指し，エゴが葬る死者は先祖でなく肉親である。祖先崇拝をサーヴィスは首長制社会，宗教人類学でも文明の宗教とする[18]点で共通する。祖先崇拝は世代を超えて家系，親族の死者を人格神化することだが，土坑墓に葬る死者に遠い先祖（の死者）を特定できない。墓は2，3年で草地になり墓標がなければ場所さえわからなくなる。人間の情念，倫理，福祉として死者の霊魂を尊崇する宗教制度は認められようが，亀ヶ岡文化の共同墓は祖先崇拝でなく，霊魂観による肉親の死者崇拝であっても，生前に合ったこともない死者の墓を孫，曽孫が経年で祭祀儀礼を行ない維持管理すると思えず，実証もできず事実上の放置墓である。しかし，晩期終末に複葬がみられるようになる。それ以前にも単発的に存在するが，祖先崇拝の萌芽はこの段階なら言えよう。

縄文時代の社会構造を正面から取り上げた論考が少なく，21世紀最大の懸案と考え抽象的ながら口火を切ることにした。社会構造，宗教構造など無形・形而上の理論化は縄文考古学として最も遅れた不得意分野だが，無形と言え有形（遺物，遺構）から考えるほかにない。研究の基本は，社会人類学，宗教人類学の理論と，考古学の集落分析のジャストモーメントの人口試算や型式学的，編年学的研究，発掘調査の正確なデータである。

註

1) E. R. サーヴィス『未開の社会組織』1979
   サーヴィス『民族の世界』1991
2) 泉　靖一「沙流アイヌの地縁集団におけるiwor」『民族学研究』16—3・4，1952
3) R. H. ローウィ『原始社会』1979
4) 鈴木克彦「緒締形・根付形・三角形大珠の研究」『玉文化』2，2005
   鈴木克彦「亀ヶ岡文化の玉に関する問題」『玉文化』5，2008
5) 鈴木克彦「青森県内の遺跡数と古代人口試算」『青森県立郷土館だより』11—4，1981
6) G. P. マードック『社会構造』1978
7) 鈴木克彦「青森県の縄文住居」『地域学』9，2011
8) 鈴木克彦『日本の古代遺跡　青森』1986
9) 前掲註6と同じ
10) 鈴木克彦「亀ヶ岡文化と玉」『縄文時代の社会と玉』2007
11) 前掲註1と同じ
12) 渡辺　仁『縄文式階層化社会』1990
13) 高橋龍三郎「縄文後・晩期社会の複合化と階層化過程をどう捉えるか」『早稲田大学大学院研究科紀要』47—4，2002
14) 鈴木克彦「縄文信仰の体系」『季刊考古学』107，2009
   鈴木克彦「先史文化にシャマニズムを探る」『シャマニズムの淵源を探る』2014
   鈴木克彦「総論　信仰・祭祀施設に関する諸問題」『縄文集落の多様性Ⅳ　信仰・祭祀』2014
15) U. ハルヴァ『シャマニズム』1971
16) H. フィンダイゼン『霊媒とシャマン』1977
17) 中山太郎『日本巫女史』1930
18) 前掲註14と同じ

亀ヶ岡文化・非階級社会の葬墓制

——土坑墓群と多副葬遺物——

岡本　洋

1　はじめに

　亀ヶ岡文化の範囲は，北海道渡島半島から東北地方全域である。また，時期による変動もあるが，北海道石狩低地や新潟県北部は亀ヶ岡式土器の出土量が多く，文化圏の境界と捉えられる。亀ヶ岡文化の墓は土坑墓が主体で，鈴木克彦によればベンガラ・翡翠玉・漆器など副葬遺物の多用（多副葬[1]）と複数単位の墓群形成に特徴がある[2]。多副葬であることは集落の中の有力者の墓という見方を生み，瀬川拓郎は多副葬墓の被葬者を集団の首長と推定した。また，玉類は個人の所有物ではないが集団の所有物として首長が占有し，その希少性を保つために副葬されたと考えた[3]。中村大は装身具や副葬品の差から，縄文社会が不平等なものとした上で，「社会的不平等が固定化され，個人の地位が世襲的な制度となった段階」を階層化社会と定義し，副葬品を伴う子供の墓の増加を根拠として，東北地方北部の縄文晩期が階層化社会であるとした[4]。本稿では，時期を明らかにできる土坑墓と墓坑出土遺物から，亀ヶ岡文化の社会が階層分化していたといえるかどうかを検討する。なお，墓坑出土遺物には着装品，副葬品，供献品の別[5]があるが，混入とみなされるものを除き，これらすべてを副葬品として扱う。

2　各地の墓と副葬遺物

　亀ヶ岡文化の土坑墓について，長田友也は玉を副葬する墓が新潟県と北海道を結ぶ流通ルート上に集中することを指摘し，東北地方日本海側と太平洋側の地域差に言及した[6]。鈴木は土坑墓に長楕円形で副葬品の多いものと，円形で副葬品の少ないものの2者があることを述べた[7]。亀ヶ岡文化の墓は副葬品にみられる地域差と，同一地域における墓坑の形態差から考える必要がある。

　北海道では，後期後葉の周堤墓で石器や玉，漆製品などの多副葬があり，道南は道央・道東に比べて副葬品の量が少ない。晩期は在地性の強い土器が主体で，亀ヶ岡文化の周縁地帯である。目立った多副葬墓は後期よりも減少する。余市町沢町遺跡では，複数の群に分かれた晩期前葉の土坑墓が163基確認された。土器や石器，玉などが1つの墓に多数納められる場合がある（図1上段）。木古内町札苅（さつかり）遺跡では，大洞C_2式期の41号土坑墓で石鏃の多副葬が認められる（図1下段）。虻田町高砂（たかさご）貝塚では，幼児骨が出土した大洞C_2式期のG10号墳墓において，壺に入った緑色凝灰岩製の小玉が副葬されている。

　東北地方の日本海側では，墓域を伴う遺跡が多数確認されている。秋田県家ノ後遺跡では，後期末〜晩期前葉にかけての墓域が確認されている。円形墓と楕円形墓が地点を異にして群集するが，墓坑形状が時期差を示すものかどうかは判断しがたい。それぞれの群に赤色顔料が散布された墓が見られる。副葬品は基本的に土器で，玉は伴わない。秋田県堀ノ内遺跡では，後期中葉〜晩期中葉にかけての墓域が確認されている。墓と認定されたものは140基で，墓坑形態はほぼ円形である。うち34基に副葬品が認められ，その多くは土器のみである。長期にわたり同じ場所に墓が作

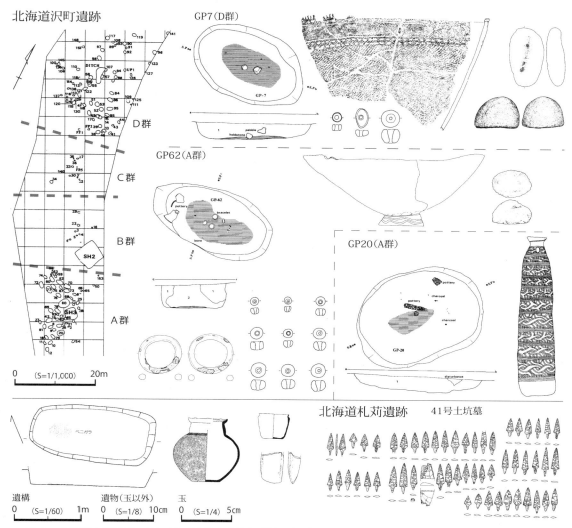

図1 土坑墓と副葬品 (1)（余市町教育委員会『沢町遺跡』1989・北海道開拓記念館『札苅』1976 より作成）

られていることもあり，墓群については明瞭ではない。秋田県虫内Ⅲ遺跡では晩期前葉の土坑墓が60基確認されている。墓群は南北に二分され，その中に小群が認められる。墓坑形態は楕円形が主だが，円形が混在する。赤色顔料の散布は11基で確認され，そのうち8基に副葬品が伴う。副葬品がある墓は14基で，南北どちらの群にも認められる。秋田県戸平川遺跡では大洞 $C_1 \sim C_2$ 式期の円形土坑墓が多数確認されている。副葬品は土器や石器，漆製品，玉などであるが，墓に伴う玉が2点であるのに対し，捨て場から161点が出土している。秋田県湯出野遺跡は，土器を副葬する墓がなく詳細な時期が不明であるが，楕円形墓を主体としながら玉を副葬する円形墓も確認されている。青森県川原平(4)遺跡では大洞 $C_1 \sim$ A式期の楕円形土坑墓が200基近くまとまり，50mほど離れた地点で大洞A式期の円形土坑墓が20基程度検出された（図2上段）。前者は日本海側の楕円形土坑墓にしては副葬遺物が少なく，玉は4基で出土したに過ぎない。後者には土器の副葬が目立つ。同遺跡に隣接して川原平(1)遺跡があり，両遺跡を合わせて1つの集落である。土器を

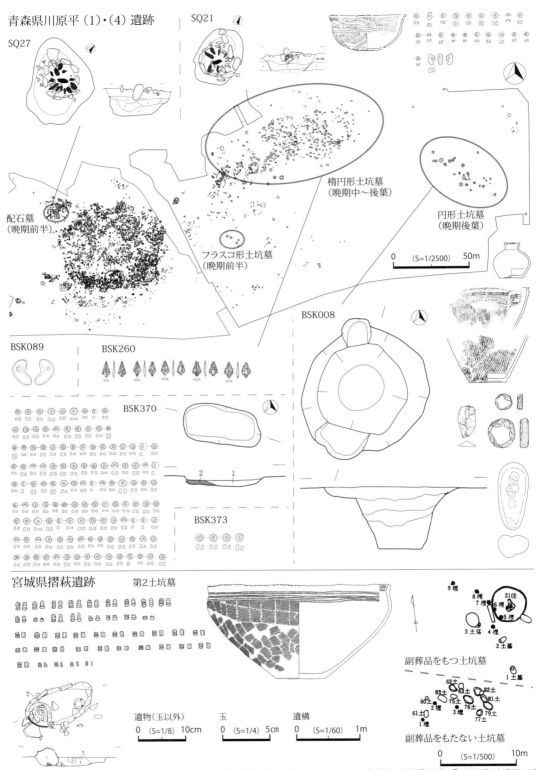

図2　土坑墓と副葬品（2）（青森県教育委員会『川原平（1）遺跡Ⅲ』2016・青森県教育委員会『川原平（4）遺跡Ⅳ』2016・宮城県教育委員会『摺萩遺跡』1990より作成，川原平遺跡の遺構配置図は最上法聖氏提供）

副葬するフラスコ形土坑墓も少数確認されているが，同形の土坑は居住施設の周囲には存在せず，貯蔵穴の転用かどうかについては検討が必要である。遺跡の北西部では，土坑上面に石を配置した晩期前葉の墓が複数基確認され，SQ21・27では日時計状の石組を伴っている。青森県源常平遺跡では大洞A式期の楕円形土坑墓群が確認されている[8]。硬玉製・緑色凝灰岩製小玉のほか，土玉が副葬される。新潟県元屋敷遺跡では配石墓と土坑墓が分布を異にしている。配石墓は89基で晩期前葉が主体，土坑墓は75基で晩期中葉が主体である。配石墓13基，土坑墓1基で玉が出土しており，時期が新しくなると玉の保有は減る。

太平洋側では，検出された土坑墓が少ない。青森県風張(1)遺跡では，後期後葉の環状集落に伴う楕円形土坑墓群が知られている。土坑墓は東西二群に分かれ，それぞれの群に玉を副葬する墓がある。石材は硬玉の割合が高い。宮城県摺萩(すりはぎ)遺跡では大洞C_2～A式期の土坑墓が3基，2～3mの距離を保って検出されている（図2下段）。土坑墓はいずれも長軸1mほどの楕円形で，長軸端の壁際で逆位の土器が出土している。第1土坑墓では土器の下から耳飾が，第2土坑墓では土器の下から赤色塗彩された土玉が42点出土している。この墓群の南西には，同規模の楕円形土坑が複数基まとまっている。第77土坑は晩期の土器片が出土しているため，この一群は副葬品をもたない晩期の土坑墓である可能性を有する。宮城県北小松遺跡では人骨が遺存する大洞A'式期の土坑墓が22基検出されている。装身具をもたず，遺体頭部に土器を被せた葬法であり，摺萩遺跡と共通する。大型の鉢を用いた埋設土器も確認されており，わずかに人骨を伴うことから再葬墓と推定される。福島県根古屋(ねごや)遺跡では大洞A'式期の壺棺再葬墓が確認されており，東北南部では晩期終末に土器を用いた再葬墓が出現し弥生時代に継続する。

亀ヶ岡文化の墓は，副葬品のありかたによって北海道，東北地方日本海側，東北地方太平洋側の3地域に区分できる。玉の副葬は，北海道と東北地方日本海側[9]に多く，東北地方太平洋側ではほとんどみられない。北海道では1つの墓に複数種の副葬品が伴う場合が多いが，本州の墓では1つの墓に納められる副葬品の種類は少なく，玉以外はその数も少ない。どの地域でも墓域は複数の群にわかれている。墓坑形態には楕円形と円形があり，多くの場合どちらか一方の形態で墓群が構成される。玉は基本的に楕円形墓に副葬されるが，土器は楕円形墓にも円形墓にも副葬される。楕円形土坑墓と円形土坑墓の併存については，秋田県堀ノ内遺跡の例から後期後葉以来の伝統と考えられる。また，東北北部において晩期後葉の墓の検出例が少ないため確実ではないが，青森県二枚橋(1)遺跡では，弥生時代前期の二枚橋式期に円形土坑墓と楕円形土坑墓が100mほど離れた場所でそれぞれ数基群集しており，晩期の墓のあり方が引き継がれている可能性もある。

3 玉の価値と副葬意義

後期前葉に硬玉製大珠が衰退した後，小型の玉（以下，丸玉類[10]とする）がどのような過程で出現したかについては十分明らかになっているとはいえないが，北海道では後期前葉に函館市石倉貝塚のGP134土坑で硬玉製のものが3点出土している。後期中葉には八雲町浜松2遺跡6号土坑で軟玉，函館市八木B遺跡で蛇紋岩などを用いたものが，硬玉製とともにみられる。東北地方北部では，風張(1)遺跡で硬玉製を主体にそのほかの石材も含まれる。硬玉産地に近い新潟県では後期前葉以降，硬玉以外の石材でも丸玉類の製作が行なわれている[11]。

青森・秋田県域では，晩期に入ると緑色凝灰岩製丸玉類が出現する。太平洋側の青森県泉山遺跡でも未成品などが出土しているが，製品の分布からみて亀ヶ岡遺跡や宇鉄遺跡など青森県の日本海

側が製作の中心で，十腰内(1)遺跡では大洞 C_1 式の壺に入った原礫が 70 点以上出土している。生産開始時期は不明だが，後期に遡る確実な例はない。川原平(1)遺跡では大洞 BC 式を伴う配石墓（SQ21）で出土していることから，晩期前葉には確実に出現しており，同遺跡では大洞 B_1 式土器との共伴例もあるため，その出現は晩期初頭に遡る可能性がある。緑色凝灰岩製丸玉類の製作は，在地石材を用いた丸玉類製作の開始が時期的に先行する北海道，または新潟県北部の影響下で始まったと考えられる。晩期中葉には硬玉製を上回る点数の緑色凝灰岩製丸玉類が副葬されるようになり，数は減少するものの大洞 A 式期にも継続する。大洞 A' 式期の確実な副葬例はないが，弥生時代には同種の石材で管玉が製作されており，北陸産石材を補うものとして使用され続けたものと考えられる。

　亀ヶ岡文化の装飾品では，丸玉類が墓に伴うのに対し耳飾は捨て場から出土することが一般的[12]で，丸玉類は属人性が高いといえる。硬玉のように，遠距離交流によってもたらされるものであれば財としての価値も認められるであろうが，在地石材で製作される丸玉類に同等の価値が与えられるかどうかは検討の必要がある。丸玉類は個人の財というよりも，呪術や儀礼に必要な装飾品と考えた方が合理的ではないだろうか。亀ヶ岡文化圏内で副葬遺物として玉が目立つ北海道や東北地方日本海側と，そうではない東北地方太平洋側という地域差が存在することは，玉が奢侈品ではなく地域性が強く現われる信仰・習俗に関わるものであったことを示唆する。齋藤岳は，晩期は在地石材の利用が顕著になる時期で，緑色凝灰岩を使用した玉作りもその一例であることを述べている[13]。亀ヶ岡文化圏では，遠隔地からもたらされた製品として黒曜石や石斧，石棒類などが存在するが，北海道を除けばそれらが副葬品となることは少ない。希少性のある品が，必ずしも財として個人所有されたわけではないことを示している。

4　亀ヶ岡文化と階層社会

　中村大によって子供への投資[14]を示すとされた単独葬の小児人骨に伴う副葬品は，後晩期の北日本には確かに多い。しかし，そのほとんどは後期の北海道であり，亀ヶ岡文化の例は秋田県柏子所貝塚の 3 号人骨など少数にとどまる。子供の墓の可能性がある埋設土器でも，副葬品とよべるほどの遺物を出土する例は，青森県源常平遺跡などで確認されるにすぎない。しかも，貝輪や玉は在地製作の製品であって，階層を示す奢侈品とはみなし難い。

　縄文時代早期に石鏃 30 点以上を副葬する釧路市北斗遺跡 1・2 号墓坑が確認されるなど，北海道は伝統的な多副葬地域である。そのような多副葬の影響は前期において東北地方北部に現われるが，中期以降には継続せず，東北地方南部ではほとんどみられない。また，北海道では後期後葉に多副葬が多いものの，晩期は後期に比べて副葬品が少なく，続縄文に再び増加する。北海道と青森県の縄文時代から弥生（続縄文）時代にかけての硬玉製丸玉類の出土数は，前者が 638 点，後者が 670 点とされるが，青森県域で硬玉が減少する後期中葉に北海道では硬玉が増加し，晩期に継続する。青森県域では後期後葉から晩期初頭は少なく，晩期中葉の出土例が多いという[15]。鈴木の集計では，晩期の硬玉製丸玉類の出土数は青森県よりも北海道で多い[16]。北海道と東北地方は本来葬制を異にする地域であるということを押さえる必要があり，北日本の後晩期として一括することは適切でない。

　亀ヶ岡文化の墓において，土器や石器などを含めれば副葬品をもつ墓は確かに多く，副葬品をもつ子供の墓もほかの地域・時代と比較した場合には多いのであろうが，それらは日常の什器や在地で生産された装飾品がほとんどである。円形墓と

楕円形墓をわかつ社会的規制があり，少数の墓に副葬品が偏ることはあっても，特定の墓群に副葬品が集中しないことから墓群間に明確な格差を認めることはできない。また，遠隔地との交流によってもたらされた希少品や，とりわけ精巧につくられた土器も埋葬において個人に属することはなく捨て場で出土することが多い[17]。これらのことは，持つ者と持たざる者が区分された社会，特定の地位が世襲される社会であったという見方を困難にする。川原平(1)・(4)遺跡は全面発掘された拠点集落であるが，晩期の竪穴住居跡は20軒程度であり，同時存在が5軒を超えることはない。1軒あたりの居住人数を5人とした場合，集落人口は30人以下である。小さな集落の中で身分を固定化するような分業があり，世襲によって継承される富者と貧者が存在したようには考えられない。

註

1) 多副葬という語を最初に用いたのは瀬川であり，北海道の縄文晩期から続縄文期において遺跡内で隔絶した副葬品出土量を示す墓を多副葬墓と呼んだ（瀬川1983）。本稿では地域や時期を限定せずにひとつの墓に納められた遺物量が多いことを指して多副葬とする，鈴木の用例（遠藤・鈴木2010）にならう。

    瀬川拓郎「縄文後期〜続縄文期墓制論ノート」『北海道考古学』19，北海道考古学会，1983

    遠藤香澄・鈴木克彦「北海道南部の縄文集落の葬墓制」『墓制論』シリーズ縄文集落の多様性Ⅱ，雄山閣，2010

2) 鈴木克彦「東北地方北部の縄文集落の葬墓制」『墓制論』シリーズ縄文集落の多様性Ⅱ，雄山閣，2010

3) 前掲註1（瀬川1983）に同じ

4) 中村　大「墓制から読む縄文社会の階層化」『最新縄文学の世界』朝日新聞社，1999。

    なお，中村論文の当否については山田康弘が詳細に検討している（山田2008）。

    山田康弘『人骨出土例にみる縄文の墓制と社会』同成社，2008

5) 藤原秀樹「北海道の周堤墓」『死と弔い—葬制—』縄文時代の考古学9，同成社，2007

6) 長田友也「縄文時代後期後半から晩期前半における東北日本の玉について」『玉文化』5，日本玉文化研究会，2008

7) 前掲註2に同じ

8) 金子昭彦「東北地方北部における縄文晩期の「装飾品」」『紀要』XXV，（財）岩手県文化振興事業団埋蔵文化財センター，2006

9) 青森県は北海道に至る玉の流通ルート上に位置するため，六ヶ所村上尾駮(1)遺跡のように太平洋側にも玉を多く副葬する遺跡が存在する。

10) 鈴木克彦「丸玉，小玉，平玉の研究展望」『玉文化』10，日本玉文化研究会，2013

11) 長田友也「新潟県における後期前葉〜晩期初頭の玉」『日本玉文化研究会第5回シンポジウム栃木大会「縄文時代の社会と玉」資料集』2007

12) 遺跡全体を調査した川原平(1)・(4)遺跡では，出土した石製玉類352点中225点が，同じく元屋敷遺跡では287点中204点が墓坑内で出土している。一方，戸平川遺跡は遺跡全体が調査されたわけではないが，墓坑内より捨て場での出土数が多く，青森県是川遺跡も同様の傾向を示す。玉の扱い方には遺跡または地域差が存在する。

13) 青森県埋蔵文化財調査センター編　『川原平(1)遺跡Ⅱ』青森県埋蔵文化財調査報告書564—1，2016，p.183

14) 前掲註4（中村1999）に同じ

15) 福田友之『津軽海峡の先史文化研究』六一書房，2014

16) 前掲註2に同じ

17) 捨て場は小さな廃棄単位の累積によって形成されており，精製土器のみが同時かつ多量に廃棄されることはない（青埋文編2017）。亀ヶ岡式における精製土器はどの地点の出土資料でも一定の割合で存在しており，工芸的に価値が高いように見える土器が奢侈品であるという証拠はない。

    青森県埋蔵文化財調査センター編『川原平（1）遺跡Ⅴ』青森県埋蔵文化財調査報告書577，2017，p.33

青森県埋蔵文化財調査センターの最上法聖氏にはご自身が作成された川原平(1)・(4)遺跡の遺構配置図をご提供いただきました。記して感謝申し上げます。

縄文から続縄文・弥生への移行期における葬送と社会

相原淳一

　晩期亀ヶ岡文化は，稲作農耕文化を受容しなかった北海道の続縄文文化と受容した東北地方の弥生文化へと移行する。東北地方でも早くに稲作農耕を導入した日本海側と遅れた太平洋側，あるいは葬制に多棺再葬を採り入れた東北地方中南部と採用しなかった北部と決して一様ではない。

　ここでは，晩期から続縄文・弥生への移行期における葬送をとおして，その社会のありようについて考える。

1　複葬の起源と展開

　いったん埋葬された遺体や遺骨が掘り起こされ，再び埋葬される再葬には種々の変化があり，一次埋葬以降の何らかの遺体ないしは遺骨の人為的な移動全体を「複葬」[1]としてとらえる。

　複葬の最も古い例は縄文早期中葉の愛媛県上黒岩岩陰[2]において確認されている。男性3体・女性8体・未成人17体からなる計28体の埋葬人骨が検出され，このうち2体合葬2組を含む7体が単葬で，そのほかが再葬ないしは散乱骨となっている。岩陰最奥部の土壙底には，熟年男性・熟年女性・幼児の頭骨を納め，その隙間に残余の骨を入れ，さらにその上に大腿骨や脛骨などをそろえて置き，土器の大破片と平石で蓋をした再葬墓である。縄文後期後半では広島県帝釈峡寄倉岩陰第2号墓では約24体中，幼児骨は頭骨を縫合に沿って縦割りし，その中に全身骨をまとめて納め，再び頭骨を合せるという特異な再葬が確認されている[3]。こうした洞窟などを用いた複葬は古代以降まで存続する[4]。

　東北地方における洞窟への複葬例は縄文晩期最終末から弥生中期の岩手県熊穴洞穴遺跡，弥生中期の山形県日向I洞窟遺跡，古墳後期6世紀末〜7世紀前葉の宮城県五松山洞窟遺跡ほかが知られている。

2　東日本における縄文時代の再葬

　東北地方北部では縄文中期末葉から後期前葉に確実に再葬に用いられた土器棺墓が出現する。学史上名高い青森県天狗岱遺跡[5]や久栗坂遺跡[6]である。土器棺内には洗骨あるいは焼骨[7]が確認されている。この時期，北海道南でもこうした再葬土器棺墓が知られている[8]。

　東北地方中南部・関東地方においても，縄文中期後葉から後期前葉にかけての再葬墓がある。中期後葉の神奈川県称名寺I貝塚では，住居内の蓋石下に頭骨・四肢骨ほかの埋納があり，後期初頭の埼玉県坂東山遺跡A地点では再葬人骨を納めた甕棺墓がある。宮城県里浜貝塚袖窪地区では首なし伸展葬があり，軟部腐敗の後に頭骨のみが取り出されている[9]。後期前葉の宮城県田柄貝塚第4土壙墓では，4体が合葬され，うち2体は成年男性で軟部組織を残した遺骸を解体し，1体の寛骨内には頭骨が置かれていた。その上部に乳児の頭骨のみが置かれ，さらに小児が屈葬されていた。

　福島県三貫地貝塚では100体以上の埋葬人骨が調査されている。1952（昭和27）年調査区では埋葬人骨群は番外A人骨群・番外B人骨群を中心にふたつの支群に分けられる。これらは頭骨と

主要骨による集積再葬墓で，番外Aは頭骨14個体，番外Bは頭骨10個体からなる。番外Bは軟部組織の遺存した状態での再葬である。こうした集積再葬墓は，一部重複する1954年調査区のC〜H群があり，「会葬」とされたE群は頭骨中心の集積葬である。このうちH群は100×100cmの人骨塊で下部には焼人骨・灰が広がっている。時期は後期前葉の埋設土器があり，ほぼ完形の土器は後期末葉から晩期中葉までであり，概ねこの期間が墓域としての存続期間である。

関東地方の中期後葉から後期中葉における多遺体埋葬の分析[10]では，方形土壙で柱穴を伴う「宮本台型」と円形土壙の「中妻型」の2類型があり，殯屋的機能を持つ「宮本台型」から遺骨が集積される「中妻型」への変遷が明らかにされている。東海地方の愛知県吉胡貝塚や伊川津遺跡には長管骨を井桁状に組み，その中に頭骨ほかの骨を入れる盤状集積遺構がある。

後期後葉から晩期後葉の山形県宮の前遺跡には火葬施設があり，焼けたヒトの頭骨片・四肢骨片が確認されている。こうした焼人骨を伴う再葬は北陸・中部・関東・東海・近畿以西[11]や北は北海道[12]にもおよんでいる。

後期の岩手県蒔内(しだない)遺跡F286土壙では，円形土壙の下半部に細片となった人骨が多量の炭化物とともに5〜25cmの層をなし，頭骨片5点が東西南北とこれらの交点である中央に配置されていた。顎骨・歯牙から少なくとも15体以上が火葬され，この土壙に埋葬されたとみられている。同じく後期の岩手県八天遺跡のふたつの遺構から焼人骨の細片が検出され，このうち1基には成人2体と未成年者1体およびイノシシの下顎骨1点が含まれていた。後期から晩期の長野県円光房遺跡や新潟県元屋敷遺跡でも焼人骨・焼獣骨がともに遺構から出土している。

福島県道平(どうだいら)遺跡の後期中葉〜晩期後葉の埋設土器から出土した骨はすべてイノシシ・ニホンジカの焼骨であり，周囲からは動物形土製品3点が出土しており，狩猟獣に関わる祭祀の場であったと考えられている。15点の深鉢を埋設した「埋設土器集中遺構」中，とくに6・7・9・10・15号埋設土器に関しては一括埋納の可能性が指摘されている。こうした祭祀が地域的にも福島県霊山(りょうぜん)根古屋(ねごや)遺跡の多棺再葬墓の祖形となろう。北海道渡島半島のヤギナイ遺跡では，シカの上顎骨が納められた晩期中葉の埋設土器が確認されている。

以上，東日本における縄文時代の再葬・祭祀を概観すると，人の遺骸や遺骨の再葬，および狩猟獣に関わる祭祀，さらに人と狩猟獣が混交する場合の3類型があり，林謙作は人と狩猟獣の混交を「ただ死体の埋葬と言うよりは，むしろムラの中の執行されたまつりの枠のなかで理解されるべきことを示している」[13]としている。

3　縄文から続縄文・弥生移行期にかけての葬送

晩期大洞A式から続縄文恵山式にかけての北海道有珠モシリ遺跡では，一次埋葬を含む再葬墓群が検出されている。遺跡は噴火湾湾口に浮かぶ標高6.7mの岩礁性孤島の頂部で，島はさながら"霊場"の様相を呈している。大洞A式では合葬

図1　有珠モシリ遺跡7号再葬墓
（写真は北海道伊達市教育委員会保管）

墓と主要な骨が取り去られた一次埋葬墓がある。恵山式の7号墓（女性屈葬墓に男性1体を再葬）には連結式のイモガイ製腕輪、5号再葬墓（新生児? 2体分の部分骨）には約600点の貝製小玉と折られた大型磨製石斧1点が副葬されている。

青森県最花貝塚の竪穴住居石囲炉内からは頭骨1点、後頭部からは管玉1点が出土している[14]。頭骨のみの再葬で、床面には伸展葬人骨1体が合葬された廃屋墓である。片刃ノミ型・扁平蛤刃磨製石斧が副葬されている。

岩手県金田一川遺跡の合口壺棺は成人男性の頭骨ほか55％の主要骨が納められた単棺再葬墓である。上蓋には砂沢式の鉢、壺棺には類遠賀川系土器が用いられている。青森県虚空蔵遺跡の合口壺棺墓内からは連結式のイノシシ牙製垂飾品・碧玉製臼玉1点、五輪野遺跡の合口壺棺墓内からはベンケイガイ製腕輪破片、是川中居遺跡G区4号埋設土器からは骨粉・赤色顔料とともに碧玉製管玉10点が出土しており、これらは再葬墓に伴う副葬品の可能性があろう。

秋田県地蔵田B遺跡では合口壺棺6基を含む土器棺墓25基が検出されている。正位埋設された土器棺には壺と甕があり、壺が多い。大型壺に類遠賀川系土器があり、11点には底部穿孔がある。骨などは残されてはいないものの、土壙墓のなかには掘り直されたとみられる土壙（例：177号、178号ほか）があり、容積的にも単棺再葬墓の可能性があろう。こうした大型壺の埋設例は大洞A式の岩手県長谷堂貝塚RZ01遺構や、弥生中期中葉繋VI遺跡RD601遺構にあり、繋VI遺跡では壺1点とともに甕2点を土壙に正位埋設した再葬墓とみられている。弥生中期初頭の宮城県山王囲遺跡8号埋設土器（赤彩甕の合口土器棺墓）内からは3歳前後の幼児の歯と同年齢程度のヒトの頭蓋骨片が確認されており、頭骨のみの再葬墓とみられる。弥生前期の福島県牡丹平遺跡再葬墓[16]は、隅丸長方形状の土壙底面に円形ピットが掘り込まれ、人骨を入れた壺が埋設されていた。倒位の条痕系壺形土器中に熟年女性の頭骨・四肢骨が納められていた。焼かれた形跡はない。

晩期最終末大洞A'式から弥生中期初頭谷起島式の岩手県熊穴洞穴遺跡では洞穴側壁の小窪みに頭骨と四肢骨の一部、供献土器が納められていた。生活圏から隔絶した深山幽谷のさらに洞奥へと続く再葬墓群は有珠モシリ遺跡同様、生活の痕跡がなく"霊場"の観を呈している。

晩期大洞A式～弥生前期の福島県霊山根古屋遺跡の土壙25基からは、類遠賀川系土器や条痕系土器を含む124個の土器が出土している。壺・甕による多棺再葬墓と甕の横位埋設による単棺再葬墓からなる。土器の中には焼人骨・焼獣骨が2kg強あり、遺跡北東端の2×2m厚さ30cmほどの焼人骨・焼獣骨集中層に約43kgある。土器棺が整然と正立して埋納される15号墓壙、倒れ込んでいる5号墓壙ほかがある。15号墓壙10個体中3個体から頭骨片他の人骨、5号墓壙8個体中1個体から頭骨片他の人骨が検出されている。

人骨を伴う多棺再葬墓は茨城県殿内遺跡・千葉県天神前遺跡はじめ関東・中部地方にも広範に分布し、東北地方では山形県酒田市生石2遺跡が確実な最北の検出例である。とくに同遺跡では、一次埋葬とみられる土壙群、人骨の粉砕処理をした

図2　霊山根古屋5号墓壙
（写真は福島県伊達市教育委員会所蔵）

とみられる台石遺構と骨粉集中区，多棺・単棺からなる墓域が確認されている。山形県大蔵村上竹野遺跡でも同様の構成からなる埋設土器群が検出され，再葬墓の可能性が指摘されている。

一方，土器内からは人骨が確認されるとは限らず，獣骨が混交する場合やまったく何も検出されないことが圧倒的に多い。群馬県岩櫃山遺跡では土器内からは何も検出されず，上段の土器近くから人骨2個体以上の一部が確認されている[16]。福島県鳥内遺跡でも埋設土器中から確認されたのは少量の獣骨のみで，むしろ焼けた人骨片・獣骨片は調査区東寄りⅣE区の遺構外に集中している。現状ではすべての土器を再葬に用いた「蔵骨器」とみなすには，その根拠は明らかに不足している。千葉県天神前遺跡のように人骨が埋納された土器のほかに何も入っていない土器があり，埋設された土器をすべて再葬に用いられた「蔵骨器」とみなすには，なお慎重でなければならない。

福島県鳥内遺跡から出土した副葬品に管玉があり，5点すべてが破損している。同宮崎遺跡では，多数の土器を納める土坑やその周辺から破砕管玉や折れた独鈷石，磨製石斧の埋納が確認され，遺跡の性格を祭祀と位置付けている。

霊山根古屋遺跡で確認された土壙内の土器の倒れ込みは，茨城県女方遺跡・小野天神前遺跡，群馬県岩櫃山遺跡においても確認されており，土壙中には覆土を伴わずに安置されたものと埋設されたものの2種が存在する。

4　弥生中期中葉以降の葬送と祭祀

弥生中期中葉以降における再葬は神奈川県大浦山洞穴遺跡[17]・群馬県八束脛洞窟遺跡[18]ほかにおいて確認され，開地遺跡では明確ではない。ともに人骨には解体や加工痕を残し，獣骨を混じえ祭祀色を伴っている。女方遺跡にみられた人面付土器は後期の神奈川県上台遺跡からも出土しており，再葬行為は継続していた可能性が高い。

弥生中期中葉以降の土器棺墓では，人骨の出土がなく，不詳ながらも，死産児あるいは胞衣を納めるにしては壺の口径が小さ過ぎるものや容積が大き過ぎるもの，あるいは副葬品の種類によっては再葬墓の可能性があろう。青森県[19]宇鉄Ⅱ遺跡・垂柳遺跡・蛍沢遺跡・大石平遺跡，岩手県[20]常盤広町遺跡，宮城県原遺跡・南小泉遺跡・宇南遺跡，山形県山形西高敷地遺跡，福島県福楽沢遺跡ほかで再葬墓の可能性が指摘されている。

弥生後期でとくに問題としなければならないのは福島県白河市天王山遺跡の評価であろう。遺跡は沖積平野を見下ろす標高408mの豆柄山（岩倉）[21]の山頂一帯にあたる。遺跡の性格としては，祭祀遺跡説[22]，一般集落説[23]，再葬墓説[24]がある。山頂の北側緩斜面A号地は開墾の際に6個の壺が掘り出された箇所で，斜位1個体を含む正位11個体以上が「直立密接せる状態であったと思はれ」る底部付近の土器のまとまりとして確認された。近接するM号地では方向を違えて倒れ込んだ5個の壺，ほぼ山頂部のH号地では正位の4個の壺ほかが検出されている。当時，女方遺跡は農耕儀礼に関わる祭祀遺跡とみられており，遺跡の立地からも祭祀遺跡と考えられた。調査地からは碧玉製管玉2点・平小玉も出土[25]しており，何らかの墓が含まれていた可能性があろう。倒れ込んだ土器付近からは炭化米・栗などがまとまって出土しており，供献とみられる。一方，頂部からやや離れた南東斜面では炉跡が確認され，遺跡の性格自体が単一ではない可能性がある。いずれにしても，多数の土器が1ヵ所にまとめて安置ないしは埋設される様相は，多棺再葬墓から変容を遂げた祭祀の一端を示しているものと思われる。

弥生中期中葉後半の方形周溝墓の分布域は，新潟・群馬・埼玉・千葉県を結ぶ線[26]から，後期には福島県会津・いわき地方へと拡大している。埼玉県小敷田遺跡では方形周溝墓3基が連続し

て発見され，溝の端部や土壙状に掘り窪められた箇所からは壺や甕が検出され，底部穿孔や側面穿孔が施されたものや意図的に破砕されたものを伴っている。こうした方形周溝墓の祭祀に用いられた土器は大型壺を主体とし，倒れ込んでいる土器が多い点は，弥生中期の土坑中に多数の土器を置き，倒れ込んだ例と様相は一致している。方形周溝墓では「溝内埋葬」[27]に用いられた土器とともに，周溝内に安置もしくは廃棄・破砕する儀礼祭祀[28]に用いられた土器の2者があり，後者の土器は西日本では飲食を伴うような大量の供膳具を主体とし，東日本では壺が大多数を占めている[29]。西日本と東日本では葬送儀礼や祭祀の形態は大きく異なり，東日本における壺主体の儀礼祭祀は，西日本からの伝播の過程で変容したというよりは，むしろ方形周溝墓成立以前の再葬墓に起源を持つ葬送儀礼に関わる祭祀が継承され，変化を遂げたものと考えられよう。

5 縄文から続縄文・弥生への移行期における社会

縄文から続縄文・弥生への移行期における葬墓制について複葬を軸に概観した。人骨が納められ，再葬墓と認定できるものと，供献土器と考えた方がよいものの2者があり，こうした議論は1970年代にも行なわれ[30]，緻密な発掘調査が行なわれるようになった今日でも乗り越えられてはいない。狩猟獣が混交する場合や人骨・管玉を破砕する行為は祭祀色が強く，金田一川遺跡や牡丹平遺跡のような単棺再葬墓とは様相が大きく異なっている。また，すべての土器が埋納されたわけではなく，安置されたものがあることは，方形周溝墓の儀礼祭祀の様相に近い。霊山根古屋遺跡にみられる縄文晩期末葉からの壺を多用する多棺再葬墓は，弥生後期には天王山遺跡のような山上の祭祀[31]，あるいは方形周溝墓の儀礼祭祀へと変容する。再葬行為自体は古墳時代へと続

いている。

縄文時代の再葬やそれに伴う儀礼や祭祀は，晩期亀ヶ岡文化の解体後も東北の弥生文化に持ち越され，そうした状況は「接触文化」「続（エピ）縄紋」「縄文系弥生文化」「北のボカシの地域」などと認識され，畿内型首長が存在しない「クニのない世界」[32]とみなされてきた。逆に，数ヵ村におよぶ共同の再葬や祭祀が成立しているのであれば，「ムラ」を越えた固有の世界を作り出しており，「クニ」のありようのひとつといえないだろうか。

葬墓制の大きな転換期は，縄文中期末葉〜後期前葉，晩期末葉〜弥生前期にみられ，両期の寒冷化による環境の悪化と人口減少，そして地域の結束強化のために祖霊祭祀と儀礼が制度化され，再葬墓が発生したとする見解[33]も示されている。

宮城県の遺跡数の推移でも明らかに人口減少したと見ざるを得ない時期があり，その時期は大規模自然災害の多発期と概ね合致する[34]。平安時代の貞観津波以前では，弥生中期中葉（1900-2000calBP），晩期末葉（2400-2500calBP），後期中葉（3650-3800calBP）ほか，約6,000年間に7回もの超巨大地震に伴う津波が襲来している[35]。さらに多くは火山活動や大規模洪水などの自然災害とも重複し，「大地動乱の時代」の様相を呈している。縄文晩期後葉から弥生中期にかけては，太平洋側では2度の超巨大地震と津波，日本海側でも東鳥海山の山体崩壊・岩屑なだれ（BC466年[36]）と津波[37]があり，容易に稲作農耕を受容し定着できる環境にはなく，むしろ生業の多様性こそが生存に困難な時代を生き延びる必須の条件として，過酷な環境下で葬墓制を含めた社会全般の再構築がなされたものと考えられる。

註
1) 大林太良『葬制の起源』角川書店，1965
2) 江坂輝弥・岡本健児・西田 学「愛媛県上黒岩岩陰」『日本の洞穴遺跡』平凡社，1967，春成秀

爾・小林謙一編『国立歴史民俗博物館研究報告』154, 2009
3) 戸沢充則・堀部昭夫「帝釈峡寄倉岩陰遺跡の第三次・第四次調査」『帝釈峡遺跡群の調査研究3』, 1968, 鈴木 尚・福島靖夫「帝釈峡寄倉岩陰遺跡の人骨」『帝釈峡遺跡群』亜紀書房, 1976
4) 八幡一郎「古代人の洞穴利用に関する研究」『日本の洞穴遺跡』平凡社, 1967, 斎藤 忠「日本における再葬洗(骨葬)の展開」『立正大学研究紀要』63, 1977
5) 笠井新也「陸奥国発見の石器時代の墳墓について」『考古学雑誌』9-2, 1918
6) 喜田貞吉「青森県出土洗骨入土器」『歴史地理』63-6, 1934
7) 葛西 勵『再葬土器棺墓の研究』2002
8) 立田 理「北海道の埋設土器・埋設遺構集成」『北日本縄文時代埋設土器・埋設遺構集成』2014
9) 小片 保「宮城県宮戸島貝塚袖窪地区出土人骨概報」『仙台湾周辺の考古学的研究』1968
10) 菅谷通俣「多遺体埋葬」『縄文時代の考古学』9, 同成社 2007
11) 石川日出志「縄文・弥生時代の焼人骨葬」『駿台史学』74, 1988, 設楽博己「縄文時代の再葬」『国立歴史民俗博物館研究報告』49, 1993
12) 渡辺俊一「縄文時代の焼人骨・火葬骨について」『野村崇先生還暦記念論集』1998
13) 林 謙作「遺構の性格, 年代」『八天遺跡』北上市埋蔵文化財調査報告第99集, 1979
14) 江坂輝弥「余白録 古いノートから—青森県下北半島最花貝塚の調査日誌より—」『石器時代』5, 1968
15) 小片 保ほか「福島県須賀川市牡丹平遺跡出土の弥生時代人骨」『人類学雑誌』108-1, 2000
16) 杉原荘介「東日本や弥生式土器文化における葬礼—上野岩櫃山の墳墓群—」『日本考古学協会第5回総会研究発表要旨』, 1950 では「墓地ごとに共同墓地であり土器は副葬品と考えざるを得ない」としている。
17) 赤星直忠「三浦半島の洞穴遺跡」『日本の洞穴遺跡』平凡社, 1967, 佐宗亜衣子ほか「大浦山洞穴の弥生時代人骨」『横須賀考古学会年報』42, 2008
18) 宮崎重雄ほか「日本先史時代におけるヒトの骨および歯の穿孔について」『群馬県立博物館紀要』6, 1985
19) 青森県史編さん考古部会『青森県史 資料編 考古3 弥生〜古代』2005
20) 小田野哲憲「岩手県における弥生時代の墓制」『東日本の弥生墓制』1988
21) 字名は山頂の三角点から西側が「岩倉」, 東側が「豆柄山」。字岩倉地内に天王様(八雲神社)があり, 通称の「天王山」を遺跡名としている。
22) 藤田定市『天王山遺跡の調査報告』福島県白河農業高等学校歴史研究部, 1951
23) 坪井清足「福島県天王山遺跡の弥生式土器—東日本弥生式文化の性格—」『史林』36-1, 1958
24) 坪井清足「東日本弥生式文化の性格」『埋蔵文化財と考古学』1986
25) 中村五郎「天王山遺跡」『白河市史』4, 2001
26) 柿沼幹夫「方形周溝墓の最前線」『考古学ジャーナル』674, ニューサイエンス社, 2015
27) 横浜市埋蔵文化財調査委員会『歳勝土遺跡』1975, 春成秀爾「弥生時代の再葬制」『国立歴史民俗博物館研究報告』49, 1993
28) 福田 聖「方形周溝墓における共通性」『考古学ジャーナル』534, ニューサイエンス社, 2005
29) 古屋紀之「弥生墳墓の土器配置にみる祭祀」『季刊考古学』92, 雄山閣, 2005
30) 小柳正子「複葬に関する一考察」『史館』11, 史館同人, 1979
31) 山頂近くの岩陰に岩櫃山遺跡(中期)がある。
32) 林 謙作「クニのない世界」『みちのくの弥生文化』大阪府立弥生文化博物館, 1993
33) 設楽博己「再葬の背景」『国立歴史民族博物館研究報告』112, 2004
34) 相原淳一「縄文・弥生時代における超巨大地震津波と社会・文化変動に関する予察」『東北歴史博物館研究紀要』13, 2012
35) 平川一臣「千島海溝・日本海溝の超巨大津波履歴とその意味:仮説的検討」『科学』82-2, 岩波書店, 2012
36) 光谷拓実「自然災害と年輪年代法」『日本の美術』421, 至文堂, 2001
37) 相原淳一・駒木野智寛「日本海東縁における津波履歴と遺跡—青森県深浦町椿山の調査」『青森県考古学』22, 2014

報告書類は紙幅の制約上, ここでは割愛する。

縄文晩期・変革期の亀ヶ岡文化における遠隔広域交流の意義

鈴木克彦

1 縄文から弥生時代への変革期における遠隔広域交流

(1) 職能制結社の発達と広域交流

亀ヶ岡文化の形成，発展の背景に，マテリアル系とメンタル系，アート系の専業，分業や，シャマニズムなどの職能制のソダリティー（結社，ネットワーク・システム）の発達と異文化との広域交流がある。後期後葉から晩期に，相互が連動，機能し技術や社会制度が発達する。それらによって，社会が進歩し開明的なパラダイム・シフトが起こる。人々が広域に移動する支援システムの社会環境が整い，文化圏を超え文物や人々が移動，移住し易くなり，ネットワーク・システムにより直接，間接的に圏外広範囲の情報を得るまでになり社会が変わり，地域が自立する。

(2) 変革期の広域交流と九州玉の北上

汎日本的な異文化遠隔広域交流が，亀ヶ岡文化の大きな特徴であり，亀ヶ岡文化圏から圏外へ，逆の圏外から圏内に伝播する文物（表1）がある。

亀ヶ岡式土器は奈良，福岡県などに，遮光器土偶は兵庫県など遠隔に分布し，福島県周辺の綾絡文は東日本から西日本一帯に分布する。逆に，九州玉（エンタシス形管玉など）が秋田，岩手県北部に分布し[1]，遠賀川系土器が東北全域に出土する。このように，亀ヶ岡文化圏の人々の関心は西方に向かっていることは間違いない。その中で，ターゲットの核心は九州（などの異文化）にあると考える。つまり，遠隔広域交流は，亀ヶ岡文化の人々にとって九州や西日本の社会情勢に注目しての所産と考えられる。

九州では後期後葉に九州玉が成立し，晩期中葉にかけて社会変化が起こっていて，九州玉が山陰，北陸を経由し前葉に東北北部まで北上する。それにより，北日本の亀ヶ岡文化の人々が九州玉の存在を知り，西日本の情報を得，異国に等しい九州の存在を認知できた。その際，エンタシス形管玉をもたらした玉作結社の成員は，九州玉の由来（朝鮮系）などを説明するはずである。その時，亀ヶ岡文化圏の人々は間接的に海の彼方に在

表1 北日本の縄文晩期の異文化文物移動

縄 文 時 代				弥 生 時 代			
大洞B式	大洞BC式	大洞C_1式	大洞C_2式	大洞A式	大洞A'式		砂沢式
	前弥生的要素			弥生的要素			水田・柵列・再葬墓・籾痕・平蓋2種・遠賀川系・平玉・碧玉管玉・紡錘車・蛤刃・柱状片刃・抉入磨製石斧
大陸系・九州玉・エンタシス形管玉、小型棗玉				九州系・遠賀川系土器			
綾絡文土器・撥形打製石斧・遮光器土偶			十字区画文・木葉文・矢羽文・対称弧状文・冠形蓋・棗玉・ガラス玉		柵列・再葬墓・蛤刃・片刃磨製石斧		

る外国という存在を知ったであろう。同時期に亀ヶ岡文化の人々が，圏外に移動，移住し始める。遠隔地に赴くには道中の食料，寝所の確保，地理情報など地域の人たちの支援が不可欠で，それを可能にする社会へ成熟していることを物語る。

（3）広域交流の画期と変遷

広域交流の第一波は，大洞BC式頃である。亀ヶ岡文化圏から綾絡文土器などが関東，中部，北陸の東日本や近畿の西日本に分布し，圏外で亀ヶ岡式土器を出土する遺跡は300に達する。また，遮光器土偶が静岡県，兵庫県などの圏外に分布し，玉作結社のネットワークを媒体に九州玉が圏内に波及する。

第二派は，大洞C_2式後半から大洞A式に起こる。福岡市雀居(ささい)遺跡に亀ヶ岡式土器が搬入され，亀ヶ岡遺跡にガラス玉が出土する。岩手県南部から宮城県の東北中部に，亀ヶ岡式土器の系譜，系統で理解できない九年橋形式が生成する。大洞A式後半の福島県での再葬墓の存在も見逃せない。この段階までが相互交流である。

第三派は，大洞A'式，砂沢式の時期である。西日本の弥生文化の遠賀川系土器が東北全体に出土し，秋田市地蔵田遺跡に柵列囲いの集落，弘前市砂沢遺跡で稲作水田が作られる。この時期には，圏外へ向かう遺物が見られなくなる。

大洞A式以前が相互交流，以後は弥生文化の波及として捉えられる。各々の画期に重要な意義があるが，何よりもそれまでまったく無縁な北日本と九州の対極地の連携関係が成立する。

しかし，不可解な問題がある。九州玉を始め弥生文化が何故に逸早く北日本に北上したのか，である。九州玉に北陸の玉作結社を経由しダイレクトに北上したものでないが，広義の遠賀川系土器が北海道を含む北日本にまで出土する。当時，九州地域にとって北日本は蚊帳の外の地域である。このように考えると，青銅器などが無く北上する文物の内容が偏っており，亀ヶ岡文化の側からの呼び込みではないかと考える。それと共に，北部九州周辺の渡来系集団の複雑な事情もあるのではないかと思われる。九州の人々が広く知れ渡っていた秀作，亀ヶ岡式土器を評価したという所見があるが，そんな情緒的な問題でなく，亀ヶ岡社会が閉塞を抜け出すために北部九州（宗像北九州，山口県周辺）との合従連衡が考えられる。それが九年橋形式（口絵や本誌前稿図1の対称弧線文など）だと考える。

2　遠賀川系土器と九年橋形式

（1）所謂遠賀川系土器の2者

北日本の遠賀川系土器は，八戸市松石橋遺跡の被籠壺形土器[2]により注目されて以来，大洞A'式以後に大型壺棺と粗製甕形が知られている。その大型壺棺は，突然出自するかにみえるが，年代差があり遠賀川式を遠因に間接的に北上した子孫により，東北で作られたと考える。

それを解く鍵が，福岡市雀居遺跡や山口県綾羅木郷遺跡，綾羅木郷台地遺跡など大洞C_2式，A式に平行する遠賀川式土器である。雀居遺跡では，SD003（溝状遺構）の下層（夜臼式単純層）から突帯文の夜臼式の新しい時期の土器（夜臼Ⅱb式？）に伴い，朱漆の彫刻手法で左右に対向する曲線文を施し大洞C_2式後半と思われる亀ヶ岡式壺形土器が出土している。綾羅木郷台地遺跡の土器（綾羅木式）は，羽状文，鋸歯文，対称重弧線文などを施文し，北九州から山口，島根県に分布し板付1式に平行する。雀居遺跡と綾羅木郷台地遺跡では文様モチーフの組成が異なり，年代差，北部九州における東西の地域差を示すと考える。

名古屋市高蔵遺跡で，SD03（溝）の堆積土上層下部から鉢形の口縁部に4個の突起を持ち，浮線網状文土器にみられる変形工字文に似た文様を施し，体部文様帯を上下に区分し重渦巻き文を施文する大洞系とされる土器が，遠賀川系，条痕文土器，西志賀式土器と一緒に出土している。

東北では，岩手県九年橋遺跡，宮城県山王囲遺跡などに大洞C_2式〜A式と捉えられてきた木葉文，鋸歯文など橿原文様の土器がある。それが，所謂遠賀川系の大型壺棺に先行するもう1つの遠賀川系土器である。対称重弧線文（綾羅木郷式）に類似する土器が，北海道旭町1遺跡などにみられ（本誌前稿の図1），広域に分布する。つまり，北部九州を遠因にする所謂遠賀川系に，故地が異なる2系統があると考える。そういう板付1式や綾羅木郷式に類する矢羽状文，鋸歯文，対称重弧線文の土器（九年橋形式，類遠賀川系）がベースになって，東北に大型壺棺が出自すると考える。

(2) 九年橋形式の生成（図1）

　九年橋遺跡などに，大洞C_2式からA式間の型式を特定できない一群の土器がある。特徴は，大洞C_1式から系譜を連続的に追えない渦巻き文，鋸歯文，羽状文などの文様モチーフにあり，木葉文などの所謂遠賀川系土器の類で，壺形が多く浅鉢，脚付き，蓋形がある。底部などに十字，X字状の区画が施され，弥生・田舎館式の蓋形に継続してみられる。一般に言う遠賀川系大型壺棺より1型式古いもので，九年橋形式に止揚される[3]。

　九年橋形式（図1）は，九州や山口県に板付1式や綾羅木郷式[4]が成立する過程で雀居遺跡などの北部九州（遠賀川文化圏）に東北などの縄文圏の人間が赴いた頃に，渡来系を含む人々と合従連衡して矢羽状文，鋸歯文，対称重弧線文などを施文する広域形式として成立したと考える。亀ヶ岡文化圏では，それらの文様を亀ヶ岡式に取り入れて東北中部などに形成され，大洞C_2式⇒九年橋形式⇒大洞A式の変遷が考えられる。

　亀ヶ岡式本来の系譜にない文様モチーフなので遺跡により文様モチーフが異なり大洞C_2式やA式と捉えられてきたが，遺跡差は影響を与えた遠賀川文化圏地域の主体文様によると思われる。九年橋形式は，遠隔広域交流により縄文から弥生へ移行する晩・変革期の広域交流によって生成した形式である。その成立の意義は，縄文文化からの脱皮である。圏外の他地域の文様モチーフを複合的に受け入れ，それまでの伝統に囚われず新しい文化に向かおうとした。それによって，従前の亀ヶ岡式と異なる（研磨，沈線文の）形制の大洞A式が成立すると考える。

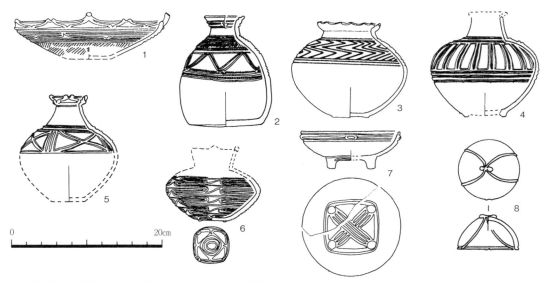

1：口縁部三角形彫り　2：鋸歯文　3：矢羽文　4：矩形文　5：区画文　6：渦文　7：変形木葉文　8：冠形蓋

図1　九年橋形式（口絵参照）

（3）所謂遠賀川系土器の概念とその伝播

東北に出土する大洞A'式以後の遠賀川系大型壺棺は，九年橋形式を形成した子孫たちによって作られたと考えられ，東北南部の複葬再葬墓と関連するであろう。砂沢式では在地化し，縄文だけを施文する場合がある。九年橋形式と稲作は直接的に無縁でも弥生文化の影響を受けているもので，北海道で旭町1遺跡に九年橋形式が出土する以上，北海道もその影響を受けているのである。だから，続縄文文化の生成も弥生文化の波及と無縁でない。

九年橋形式は，初期の板付1式や綾羅木郷式が亀ヶ岡式に複合して成立した土器である。朝鮮の土器をベースにする板付1式，綾羅木郷式もまた文様モチーフが微妙に異なり，恐らく半島の故地も違うと思われ，九年橋形式の系譜も一系統でなく複合的と考える。九年橋形式の成立とその系譜にある遠賀川系土器の普及によって，事実上，亀ヶ岡式土器と亀ヶ岡文化が終焉する。それが，北日本における大洞BC式のエンタシス形管玉の伝播から始まった遠隔広域交流の結末である。

3 九州玉の北漸による効果

九州玉[5]は，後期後葉から晩期にかけて弥生文化が伝来する以前に朝鮮半島から玉作技術が伝来して成立したと考える。稲作，青銅器などが伴う形跡がなく便宜的に前弥生的要素としたが，弥生文化が伝来する伏線になっていると思う。そういう異文化的な要素が無ければ，珍しさだけで玉作文化の先進地の東日本や北日本に北上する訳がなく，晩期前葉の汎日本的な広域交流の波に乗って北上したものであり，その媒体が玉作ソダリティー（結社）である。九州に玉作遺跡が多く翡翠を入手しているので，翡翠産地の北陸とは往来しているし，九州玉が東日本では北陸に多い。

亀ヶ岡文化には，大洞BC式頃にエンタシス形管玉が秋田県柏子所貝塚[6]，岩手県茂師貝塚などに搬入され，大洞 C_1 式頃にはT字孔のある小型棗玉が山形県玉川遺跡で制作されるようになり秋田市地方遺跡などに出土している。素材が異なる琥珀の棗玉，平玉が，タンネトウL式の札幌市N30遺跡（聖山2式，大洞A式平行）と続縄文期初頭に出土する。それは，九州玉の情報を持つ玉作ソダリティーの工人が九州玉をモデルに作ったと思われる。続縄文期前葉には，碧玉管玉が伝来する以前に同形の琥珀管玉が九年橋形式を出土する旭町1遺跡でも出土している。

そのほかに重要な問題は，九州玉の北漸の背景にある社会情勢などの情報伝播である。その玉作結社の成員は玉作技術だけでなく，九州などの西日本の社会情勢に関する情報を持っていると考えられる。それどころか，半島由来の九州玉自体の来歴はもとより，故地の半島情報さえ持っていたであろう。したがって，単なる玉の伝播だけでなく複合的な要素の情報が一緒に伝播していることは認められよう。エンタシス形管玉の伝播は，間接的に九州と東北を繋ぐ晩期の遠隔広域交流の先陣を成す存在であり，東北が半島由来の異文化遺物に触れた嚆矢である。

九年橋形式以後，朝鮮半島伝来の弥生文化の碧玉管玉の異材同形管玉が，秋田市地蔵田遺跡，北上市金附遺跡で砂沢式に制作される。後の続縄文期前葉には，北海道の羅臼町植別川遺跡などで同形の琥珀管玉が出土している。それらは，モデルがないと北日本では制作できない異文化の玉である。北日本に碧玉管玉が砂沢式以前に伝来した形跡が無いが，上の事例は実物が立証されずとも碧玉管玉の情報が北海道に伝来していることの証明になる。当然，それに伴い，ほかの複合的な情報が伝わる。地蔵田遺跡に籾痕の土器が出土している。水田が発見されずとも稲作が行なわれている証拠であり，晩期末葉には玉作結社の工人と稲作水田工作は分離したものでないと考える。弥生文化を身に着けて北上していた玉作結社の工人の子孫達が，弥生文化を北日本にもたらした担い手であろう。

4　遮光器土偶の遠隔広域交流（伝播）の意義

　遮光器土偶は人々と部族の守護神である。それが、北海道や関東以西の北陸、東海、近畿など圏外に出土する。最も遠方が兵庫県神戸市篠原中町遺跡である。ほかに、静岡県川根本町上長尾遺跡など。東海、北陸に少数、関東では埼玉県に遮光器もどきとされる亜式がみられる。北では、北海道白老町社台1遺跡や函館市周辺にわずかに出土しているが、距離が短いにもかかわらず北海道に僅少である。それは、北海道に土偶があまり発達しないことと関連するであろうが、信仰遺物は人々の心の拠り所である反面、信仰観が異なると無意味に等しい。北海道の奥に伝播しないことは、同じシャマニズムでも神観念、神像が異なることを物語るであろう。

　最も遠方に出土する篠原中町遺跡の類例は、東北中部以北から持参（搬入）されたものと思う。圏外から出土する遮光器土偶に、搬入・折衷・模倣と思われるものがある。折衷、模倣は、真似て作ったものだが、移住した民の卑属子孫によると考えられる。また、遮光器土偶は土器作りの工人が作るものなので、移住した民がそういう工人と限らず上手、下手は問題にならず、移住先（異地）にあって故郷の神像に思いをはせる信仰心が評価される。しかも、神像という性格上、人々の心の拠り所として大事にされたもので、キリスト教徒が仏像を作らないように信念の造形物である。国内各地に文化圏があり信仰の内容の違いにより、それぞれ地域特有な土偶を作っている。圏外の住民は遮光器土偶を作る必要性がなく、遮光器土偶が遠方圏外に出土することは信仰習俗文化として異例である。何故なら、圏外の土偶が亀ヶ岡文化圏に出土しないからである。

　圏外に出土する信仰遺物は遮光器土偶だけでなく、糸巻形土偶などがある。本来は、赴いた地域の神像を奉り同化すべきと思うが、亀ヶ岡文化圏からの移住者が持ち込んだものと考える。そういう遺物に年代差がみられる場合がある。それは、移住が断続的に行なわれていることによる。埼玉県赤城遺跡で相当量が出土しており、親族同士の集団移住が想定される。圏外では原則として不要な神像なので、亀ヶ岡文化のシャマニズム信仰を信奉する個人的な事情が考えられるが、問題はそういうことを許容する開放的な社会が形成されていること、文化圏を超える移動、移住が頻繁に行なわれていることである。そういう意味で、広域交流の文物にほかの遺物の流通と違う性格の遮光器土偶などの信仰遺物が含まれることは異例と言ってよく、当時の社会の動向を理解する上で重要な意味を持つ。

　遮光器土偶の遠隔広域伝播は、亀ヶ岡文化圏の土偶信仰の存在感と強さを物語る。赤城遺跡の事例は、そういう信仰心を持つ民が移住しても故地の信仰心を持ち続けていた証拠だが、異地においてそれを容認する縄文社会の寛容さ、晩期という広域交流社会の開明性もまた認めなければならない。

5　縄文晩期の遠隔広域交流の意義と功罪

　縄文晩期は、九州に新しい文化が到来し定着し始めた変革期であると共に、遠隔広域交流の時代である。その特徴は対象が亀ヶ岡文化と弥生文化に係わる遺物であり、地域が全域的で内容が相互的なことである。それによって各地の社会情勢や先進地の技術などの情報が共有され、弥生文化の普及、拡散をもたらし社会が大き動き、変わる。そこに遠隔広域交流の意義がある。

　亀ヶ岡文化との関係では、晩期前葉に九州や西日本から九州玉、撥形打製石斧が北上し従前と違う社会の大きなうねりが起こる。東北から綾絡文を施文する人々が近畿の橿原遺跡などに移住するようになり、時には遮光器土偶などを携え西に移住を含め移動し始める。中葉に九州の雀居遺跡に

赴くまでになり，九州や西日本と東北が合従連衡する九年橋形式が形成され，転換の決定的な節目になる。末葉から弥生早・前期に板付1式，綾羅木郷式の遠賀川系土器，再葬墓壺棺，ガラス玉，蛤刃と片刃柱状磨製石斧，抉入磨製石斧，蓋形，紡錘車，碧玉管玉，籾苗，灌漑の稲作技術がもたらされ，冷涼地に稲作水田が耕作されるまでになり弥生文化が定着する。それらが，近隣地域を超える晩期の開明的な遠隔広域交流の所産である。キーワードは，異文化である。

それは，大洞BC式のエンタシス形管玉の遠隔広域交流から始まった。そのシナリオは偶然や誰かが描いたものでなく，背景に「九州」「文明」の存在があってのことで，遠隔広域交流の所産，歴史の必然である。こうして日本全体が変わってゆく。

亀ヶ岡文化を停滞した社会と捉えてはならず，遠隔広域交流の背景に成熟した社会がある。玉作技術などの工人やシャマンなどの職能制ソダリティー，ネットワークが機能し，亀ヶ岡文化の人々が新しい文物の先進技術，社会の動向を自己の社会に還元していることを見逃してはならない。当然，亀ヶ岡文化のみならず，ほかの地域も成熟した社会であり，弥生文化への対応に地域による多様な形態がある。このように，潮間帯が良き漁場であるように異文化との交流が亀ヶ岡文化を昇華した。

しかし反面，それが亀ヶ岡文化の衰退の要因でもある。新しい文化を取り入れて文化が変化、発展するのは当然だが，衰退するのは社会の発展の法則からすると異例である。それには，亀ヶ岡文化に内在する社会的な体質，矛盾があると考えられる。

亀ヶ岡文化の人々が交流によって得た文物は少なくないが，稲作以外は基本的に狩猟の生活，社会を維持する道具に止まっている。良いとこ取りはしても階級制を象徴する文物はなく，ソフト面では複葬の習俗文化や灌漑技術である。とくに，階級制の存在を察知していて政治的な緊張感を彷彿とさせる上新城中学校遺跡，地蔵田遺跡のような柵囲いが作られたのであろう。

亀ヶ岡文化の人々が交流によって見た文明の技術、社会の質的内容は，余りに自らの社会と懸け離れ適応するレベルを超えている。何よりも世界観，価値観が本質的に異なる渡来系の集団とその社会組織は受け入れられないものであったと思う。亀ヶ岡文化に発達したソダリティーは新しい技術文明とは異質な徒弟制の閉塞体質であり，生産と再生産の仕組みは基本的に天然の恵みを消費し有機材を加工する程度の化学や科学と程遠いカテゴリーでしかない。

また，亀ヶ岡文化の東北は，稲作弥生文化の伝来，受容において対極地であることと冷涼地という地政学的リスクを負う宿命的な地理，環境に在った。人々にとって持続を可能にする生活，社会の価値観と発展が，豊かな自然環境の下に狩猟社会の延長線上に描かれていたことも忘却できない。そして，人々が遠隔広域交流から学んだのは，文明の裏に隠された階級制への拒絶だったのではないかと思われる。

註
1) 鈴木克彦「縄文から弥生への変革期における縄文晩期の玉」『玉文化』13，2016
2) 鈴木克彦「青森県松石橋遺跡出土の弥生式被籠土器」『考古風土記』8，1983 同誌9（1984）に訂正実測図。
3) 鈴木克彦「続縄文文化の琥珀玉の編年」『玉文化』14，2017
4) 山口県『山口県史 資料編考古1』2000
5) 前掲註1と同じ
6) 鈴木克彦「秋田県能代市柏子所貝塚出土の縄文管玉，他」『玉文化』2007

亀ヶ岡文化の土偶にみる宗教構造の変化

佐藤嘉広

1 亀ヶ岡文化の土偶と宗教

　亀ヶ岡文化に限らず，土偶が縄文人の精神構造の一端を読み解く可能性を持つ重要遺物として見られてきたことは明らかである。そのため，編年研究と技術研究を基礎としつつ，出土状況を分析しながら民族事例などとの比較による機能研究が絶え間なく行なわれ続けてきた。それにもかかわらず，土偶を直接的に説明する研究が資料の増加に伴って深化しつつあることに比して，土偶の機能およびその上部構造としての宗教についての研究は，試案や仮説の提示の域に止まっているように思える。それは，とりもなおさず，考古学および関連諸科学の方法を用いたこの問題へのアプローチが容易ではないことを示している[1]。

　筆者に与えられた課題は，「土偶の宗教構造」であるが，土偶をとおして語る「宗教構造」とは何か，という第二の壁に直面する以前に，土偶とその製作者集団の精神文化との関係を解読する必要に迫られることになる。

　したがって本稿では，まず，亀ヶ岡文化の土偶を概観するなかで，土偶が表象する内容の具体性について言及する。次にその年代的変遷を跡付けながら，亀ヶ岡文化において土偶が有した意味が変化した可能性を述べる。それらによって，当時の集団が保持した精神文化の背景について説明を試み，課題への責を果たそうとするものである。

2 亀ヶ岡文化の土偶

　該期の土偶には様々な変異形が知られていて，それぞれ，分類上の名称が与えられている。藤沼邦彦は，遮光器土偶と同時に存在した種類に，「ポーズをとる土偶」，「X字形土偶」，「飾りの少ない小型の土偶」を認め，遮光器土偶の系譜をひく大型土偶として，「角状の突起がついた土偶」，結髪形土偶，刺突文土偶をあげている。さらに，「角状の突起がついた土偶」と後2者との間に時間差を認めている[2]。

　明らかに特定の時期に出現する土偶の分類名称であることを除いた場合，同時期に併存するこれらの分類がどのような意味を持ちうるのかについては別の機会に検討しなければならないが，与えられた課題に最も接近しうるものは，遮光器土偶およびその系譜上で説明可能な土偶と考えている。

　その理由として，①細かな特徴の変遷が研究されていて時期の特定と系譜の推定が概ね可能であること，②大型品が多いため表現されている特徴の読み取りが容易であること，③亀ヶ岡文化全般にわたって一定の分布域をもって製作されていること，そして④亀ヶ岡文化をもっとも特徴づける土偶であること，である。

　したがって，本稿では，土偶のさらに限定的な部分についてのみ述べることとなる。

3 遮光器土偶およびその系譜上の土偶

　遮光器土偶については，鈴木克彦および金子昭彦の一連の労作によって多くが明らかにされている[3,4]。変遷についていえば，両者の見解は細部において異なるものの大枠では一致していて，その編年観は，研究者間でも共有されていると思われる。単純化に誤解がなければ，両者による遮

光器土偶の変遷は以下のプロセスとして説明される。①後期土偶の系譜のもとに晩期初頭に遮光器表現が成立し，②全体装飾の精緻化とともに顔面表現の立体化が進み，③胴部幅の拡大とともに文様帯が上下に分割され，④遮光器表現の退化とともに仕上げ調整が粗雑化し，⑤頭部に突起を伴う胴部ミガキ仕上げの土偶が出現し，⑥頭部にアーチ状の結髪表現が行なわれるようになり，⑦胴部に面的な刺突が地文として施される例が出現する。

先の分類を適用させれば，①〜④は遮光器土偶，⑤は「角状の突起がついた土偶」，⑥は結髪形土偶，⑦は刺突文土偶と呼ぶこととなる。したがって，④と⑤の間には，見かけ上のヒアタスを認めることとなる。

なお，このような変遷は，遮光器土偶のなかでも大型品について適用可能と考えられている。しかし，小型の遮光器土偶は大型品への表現が省略されているとも考えられることから，ここでは，とりあえず小型品を含めた変遷と見ておく。

4 遮光器土偶の腹部表現 （図1）

土偶への女性表現の方法は様々であるが，遮光器土偶においては，主に乳房と腹部の隆起によっている。この表現方法は，後期後半の土偶の系譜上にあると見てよい。腹部の隆起については，妊娠の表現と解釈するのが最も合理的である。すなわち，出現期の遮光器土偶においては，眼部の遮光器表現や中空製作手法に画期を認めつつも[5]，妊娠またはその結果としての出産を意匠とした土偶が，持続的に製作されていたといえる。

ここで，遮光器土偶の腹部の表現方法について観察する。腹部は，隆起手法のほか，その部分に施される文様と腹部域の区画によって印象付けられている。このうち，文様については以下の類別が認められる。

a類：中心部の円孔のみ（円形の広がりを持つ）
b類：（円孔を中心に）縦位に三叉文が展開
c類：（円孔を中心に）渦状に三叉文が展開
d類：（円孔を中心に）横位に三叉文が展開
e類：（円孔を中心とする）三叉文の痕跡化

一方，腹部域の区画には以下の種類がある。区画内はしばしば刺突により充填される。

1類：独立的な円形区画

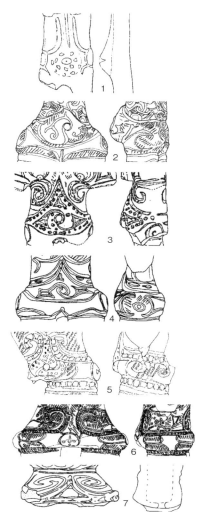

図1 遮光器土偶の腹部表現 （縮尺不同）

1 a類・1類（雨滝）（土偶とその情報研究会1996, p.71-4），2 b類・2類（浜岩泉Ⅱ）（金子1993, 図2），3 c類・2類（虫内1）（秋田県教育委員会1998, 図424-5），4 d類・2類（是川中居）（註3文献, 第59図12）5 d類・3類（手代森）（岩手県埋蔵文化財センター1987, 図153），6 e類・4類（二子）（佐々木1984, 図2），7 e類・5類（野口）（註3文献, 第51図12）いずれも改変

2類：胸部から下広がりに垂下され腹部と一体化する二等辺三角形状の区画
3類：胸部から直線的に垂下され二等辺三角形状の腹部と一体化する区画（底辺がしばしば逆ハート形となる）
4類：胸部のほぼ中央に頂部を有し腰部に横方向に広がる扁平な二等辺三角形状の区画
5類：小さな透かし状の二等辺三角形状の区画
6類：腹部域区画の不鮮明化

　これらの2つの類別はそれぞれ独立事象でありながらも，a類は1類と，b・c類は1類もしくは2類と，d類は3類もしくは4類と，e類は4・5類と結びつくことが多いことから，現在の土偶の編年研究の成果と対応させれば，これらの分類は概ね時間軸に沿ったものといえる。すなわち，遮光器土偶における妊娠の表現方法の時間的推移としてとらえることができる。
　さらに，隆起の程度を組み合わせれば，a類～e類，1類～6類の推移とともに漸移的な低平化・痕跡化が認められる。すなわち，「出現期の遮光器土偶に顕著であった妊娠の表現は，漸移的に抽象化・形骸化する」と見ることができる。
　なお，遮光器表現が認められることから，遮光器土偶の影響を受けたとされる土偶が東日本に広く分布することが幾例か知られている。しかし，それらはいずれも腹部の隆起が観察されず，しかも腹部域の区画が不明瞭である。そのため，系譜として説明可能な一群の遮光器土偶とは異なるものとして扱う必要があると考えている。

5　亀ヶ岡文化後半期の大型土偶の腹部表現（図2）

　次に，大洞C_2式期以降に出現する，遮光器土偶の系譜上の土偶と考えられる大型土偶の腹部表現について概観する。

(1)「角状の突起がついた土偶」（図2-1～3）

　大洞C_2式期の後半ごろからA式期まで，東北地方ほぼ一円に広がりを見せる。その後半期の資料については，後続する結髪形土偶と連続的な特徴を有するため，区別しにくい場合もある。
　腹部の表現については以下が認められるが，遮光器土偶に比して変異幅は小さい。
a類：粘土紐の貼り付けによってドーナツ状の円を象るもの
b類：沈線により円を表現するもの。中心部はしばしば円孔となる
c類：刺突による円形の凹部が表現されるもの
d類：表現されないもの

　これらは，いずれも小さく表現され，面的には広がらない。その位置から，腹部の表現であることには疑う余地がないが，「膨らみ」を表わしたものかについては，さらに検討しなければならない。a類のみ，表面からわずかに突出するに過ぎない。
　これらの腹部表現は，肩・胸部と連結して表現されることが多い。その連結方法は，以下のように類別できる。
1類：両肩と腹部を頂点とする三角形状の隆起線による連結
2類：両肩を結ぶ沈線の中央から垂下される沈線による腹部との連結

　1類および2類とも，形状に多少の変異が認められるほか，隆起線上または沈線内に連続する刻みや刺突列が施される場合があるなどの変異がある。
　この土偶において，乳房の隆起は引き続き表現されるが，腹部の隆起に関しては極めて低調であり，その部分のみの観察において，女性が強調されているとは見なしがたい。一方，遮光器土偶においてはあまり顕著でなかった性器状の表現がしばしば行なわれるなど，性表現の手法が異なっていることも特徴である。

(2) 結髪形土偶と刺突文土偶（図2-4～6）

　亀ヶ岡文化の最後の大型土偶の2種である。しかし，結髪意匠の頭部に刺突文で装飾される土偶が製作されることなど，それぞれの特徴をまた

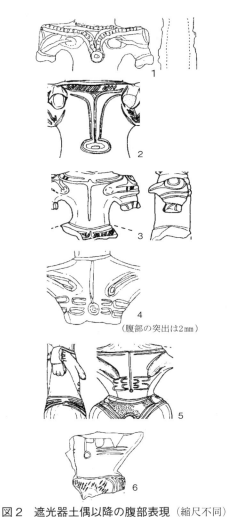

図2 遮光器土偶以降の腹部表現（縮尺不同）
1〜3：「角状の突起がついた土偶」 4〜6：結髪形土偶
1 a類・1類（近内）（高橋1984），2 b類・2類（杉沢）（土偶とその情報研究会1996，p.171-9），3 d類・2類（九年橋）（北上市教育委員会1985，図292-1），4 a類（長者洞）（佐藤原図），5 b類（宮沢）（中村1979，図2），6 c類（大日向Ⅱ）（岩手県埋蔵文化財センター1995，図426-3450）いずれも改変

ぐ融合的要素を持つものについても合わせて考慮する必要がある。

大洞A式期の後半ごろからA'式期新段階（弥生Ⅰa期を含む）まで連続的に製作され，その後の東北地方の弥生土偶にも，一部の特徴が継続している。

腹部の表現については，「角状の突起がついた土偶」同様変異幅は小さく，また，膨らみも強調されているとは言い難い。

 a類：粘土粒を円形に貼り付けるもの
 b類：刺突による円形の凹部が表現されるもの
 c類：沈線により小円が描かれるもの
 d類：表現されないもの

点的な表現であることについては，「角状の突起がついた土偶」と同様でありながら，それよりもさらに小規模化し，「腹部」というよりも「臍」という腹部の一部分を表現しているかのような印象を与えるものが多くなる。

これらは，基本的に胸部中央から垂下される沈線の端部に表現されている。また，乳房については両肩もしくは腕から中央に向けて斜め下方に延びる隆起線によって表現されるなど，膨らみの強調とも見ることができる一方で，性器表現については顕著ではない。すなわち，この段階では，見かけ上の女性の表現は，乳房の隆起にほぼ限定されてくる。

6 腹部表現の変化から

以上，亀ヶ岡文化の土偶に見られる腹部表現の変化，とくに腹部の隆起＝妊娠表現について概観した。遮光器土偶の成立期においては顕著な隆起を持った腹部が，その後半期〜終末期には膨らみのない三角形の区画となる過程，さらには，区画そのものが不鮮明化する過程を，時間的なものであることを確認した。すなわち，大洞C_2式期の段階において，土偶に対して妊娠を強調的に表現する縄文時代後期以来の伝統は，いったん失われたとして理解するのが妥当であると考える。

その後まもなく，「角状の突起がついた土偶」に対して，再び腹部が表現される。しかし，それは妊娠に伴う腹部の隆起を表現するというよりは，腹部の位置を象徴的に示しているに過ぎない程度のものである。その傾向は，亀ヶ岡文化の終末期以降まで継続する。したがって，仮に「角状の突起がついた土偶」以降の大型土偶の腹部表現

が妊娠を表現したものであった場合でも，その手法は遮光器土偶出現期の手法とは著しく異なっていることになる。

この点において，本稿では，大洞C_1式期末からC_2式期前半のころに，亀ヶ岡文化の大型土偶に表現された意味の画期を見出すこととする。

7 土偶画期との連動

亀ヶ岡文化の前半と後半の質的な差異を具体的に論じた半田純子は，「海退現象に起因する自然環境の変化と，それに伴う集団関係，領域関係の変化…（中略）西日本の影響」をその原因と推察した[6]。今日的視点においては，縄文晩期から弥生早期に至る気候変動については，複数の細かな段階が明らかにされていて[7]，単純に「自然環境の変化」を前提とすることは困難といわざるを得ないものの，前半と後半の質的な差異の大枠については，追認され続けていると考えてよい。半田および，続いて林謙作[8]などが指摘したいくつかの事象を確認しておきたい。

（1）集落

晩期前半から後半に継続しない集落が少なくないことは，集成作業によっても明らかにされている[9]。その現象は，遮光器土偶の主たる分布域である東北地方北部における集落立地の変化に端的に表れる。東北地方北部の太平洋側においては，岩手県曲田遺跡，雨滝遺跡などが前半期の大集落として著名であり，丘陵裾の広い斜面や低位の河岸段丘が利用される。一方，後半期においては，岩手県九年橋遺跡や安堵屋敷遺跡など，新たに沖積地の自然堤防上の立地が好まれるようになる。

（2）岩版・土版

両者ともに，亀ヶ岡文化期全般を特徴付ける遺物である。ただし，分布については，東北地方北部を中心としている。とくに土版については，人面などの人体表現が見られることもあり，土偶との親和性が指摘されているものの，具体的機能は仮説の提示に止まっている。

前半期においては軟質の石材を素材とした岩版がより多く製作されるが，後半期においては，土版の出土量が圧倒的に多くなる。製作の簡略化の傾向が指摘されている[10]。

（3）土器

これまでの多くの指摘のとおり，土器の特徴も前半期と後半期では異なっている。前半期に行なわれる沈線の痕跡をミガキ消しながらレリーフ状の効果をもたらす調整は，後半期にはほぼ行なわれない。前半期の黒光りする色調は，後半期には褐色系の色調が主体となる。土器の製作についていえば，明らかに簡略化の傾向をうかがうことができる。

また，組成に関しては，前半期の多様性は後半期には失われる一方，中村五郎が指摘していたとおり[11]，体部に縄文が施文される中型の壺が組成されるようになる。

以上，土偶の妊娠表現の変化と連動して現われる考古学的事象について，3つの側面から再確認した。妊娠表現の消失・退嬰について「宗教」として説明するためには，土偶以外のいくつかの考古学的事象を十分に考慮する必要があることは疑いない。

8 土偶と宗教との関係性の議論に向けて

土偶への性表現のなかで，腹部の隆起による妊娠表現はそのひとつの方法に過ぎない。亀ヶ岡文化の土偶の場合，乳房の強調が最も普遍的でしかも顕著に認められる。乳房の隆起表現は，亀ヶ岡文化に限らず縄文時代全般に普遍的ともいえることから，逆に，妊娠表現の強調はある特定の時期および空間において共有された，何らかの意味が付与されていた可能性を有している。

腹部の隆起＝妊娠表現の消失・退嬰という点を除けば，前半期の遮光器土偶に比して後半期の大型土偶が大きく簡略化されて製作されたと見ることは困難である。いずれも，緻密に設計された成

形，土偶表面への規格的な文様表現と調整技法，そして赤色顔料の塗布など，精巧な仕上げが意図されていたと見るべきであり，後半期においても代表的な精神文化関連遺物の地位は不変である。

亀ヶ岡文化の遮光器土偶およびその系譜上の土偶を通じて，乳房の誇張などによる女性の表現が一貫していたのに対し，腹部の「膨らみ」はいったん消失し，その後においても顕在化することはなかった。この意味において，遮光器土偶は，「妊娠を強調した最後の土偶形態」といえる。

なお，遮光器土偶と同時に存在していたことが明らかな「ポーズをとる土偶」については，縄文後期以来の変遷が明らかにされていて[12]，しかも，それらの一部は出産に関わるものと類推されている。この土偶形態に表現される属性の一部は，結髪形土偶につながるという意見もあり[13]，それらとの関係性については，今後検討が必要である。

妊娠表現を伴う女性像は，先史時代において広く製作されている。縄文時代においては，土偶が妊娠・出産への何らかの関与を持った持続的局面があり，亀ヶ岡文化期の中盤で，土偶が有したその機能が，ほかの文化的事象と連動して消滅あるいは潜在化した。それは，日本列島東西における土器交流の様相が変化した時期とも一致する[14]。

このような土偶に対して，当時の宗教観が部分的に反映しているとするなら，人の誕生への関心が集団のなかで大きく変化した可能性について，死を加えた人のライフサイクルの視点で，多くの個別考古学的事実を積み重ねながら読み取るべきではないだろうか[15]。

註

1) 小杉 康「縄文文化の宗教的観念と社会秩序」『縄文時代の考古学11 心と信仰—宗教的観念と社会秩序』同成社，2007，pp.3-16
2) 藤沼邦彦『歴史発掘3 縄文の土偶』講談社，1997
3) 鈴木克彦『遮光器土偶の集成研究』弘前学院出版会，2015
4) 金子昭彦『遮光器土偶と縄文社会』同成社，2001
5) 前掲註4，p.8
6) 半田純子「東日本縄文時代晩期前半から後半への移行期にみられる変化についての一考察」『明治大学大学院紀要』4，1966，pp.717-728
7) 山本直人「縄文時代晩期における気候変動と土器型式の変化」『名古屋大学文学部研究論集 史学』56，2010，pp.59-67
8) 林 謙作「亀ヶ岡文化論」『東北考古学の諸問題』東北考古学会，1976，pp.171-203
9) 日本考古学協会2001年度盛岡大会実行委員会『亀ヶ岡文化—集落とその実体—』日本考古学協会，2001
10) 稲野彰子「岩版」『縄文文化の研究9 縄文人の精神生活』雄山閣，1983，pp.102-113
11) 中村五郎『弥生文化の曙光』未来社，1988
12) 磯前順一『土偶と仮面—縄文社会の宗教構造』校倉書房，1994
13) 前掲註4，p.224
14) 小林青樹「東日本系土器の西漸と交流」『日本の美術』499，至文堂，2007，pp.93-98
15) Renfrew, C., The archaeology of religion, in *The Ancient Mind elements of cognitive archaeology* Cambridge U.P., 1994, pp.47-54

参考文献

岩手県埋蔵文化財センター『手代森遺跡発掘調査報告書』1987
岩手県埋蔵文化財センター『大日向Ⅱ遺跡発掘調査報告書』1995
金子昭彦「岩手県田町畑村出土の遮光器土偶について」『岩手考古学』3，岩手考古学会，1991，pp.55-60
北上市教育委員会『九年橋遺跡第8次発掘調査報告書』1985
佐々木和久「久慈市の大遮光器土偶と琥珀製玉類の工房址」『九戸文化』1，九戸郷土研究会，1984，pp.8-14
高橋憲太郎「宮古市近内出土の土偶」『宮古地方史研究』2，1984，pp.148-152
土偶とその情報研究会『東北・北海道の土偶Ⅱ 亀ヶ岡文化の土偶』土偶とその情報研究会，1996
中村良幸「岩手県宮沢遺跡発見の縄文時代終末期の土偶」『考古学ジャーナル』168，ニューサイエンス社，1979，pp.17-19

東北南部弥生初頭の青木畑式土器の意義

木本元治

1 青木畑遺跡の所在地と対比資料

　青木畑遺跡は宮城県栗原市嶋躰竹の内（旧栗原郡一迫町）の一迫川南岸，宮城・岩手県堺の栗駒山から東に張り出した丘陵南裾部に位置する。その約5km東には，本遺跡と類似する土器が層位的に出土した山王囲遺跡が存在しており，その資料との比較で論じられてきた。

　青木畑遺跡の報告書[1]では山王Ⅳ層式を大洞A式相当とし，間層を挟んだその上層の山王Ⅲ層出土土器は青木畑第1グループと，より新しい傾向が見られる土器群とし，大洞A式・山王Ⅲ層式と比較し，その中間への位置づけを試みている（図1）。

　そしてその研究方法の第1として各群の胎土・色調を検討している。

　第2としては器形と文様の比較で，主要器形ごとにその器種の有無，文様の特色を比較している。

　第3は土器組成で，基本的な土器形態の全体に対する割合から，青木畑第1グループは山王Ⅳ層式と山王Ⅲ層式の中間に位置付けられるとしている。

　また「弥生土器の問題点」として，これら土器群は"充填縄文技法の用いられた壺形土器なども含めた組み合わせとして把握される"として特徴を記述する。

　そしてその内容は，縄文時代晩期大洞A式から受けついだ要素も残しており，古式弥生土器の大泉式初期・岩手県南部の谷起島式[2]相当期に位置づけている。

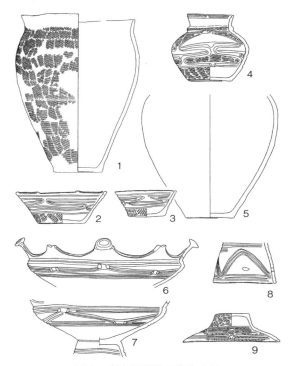

図1　青木畑遺跡の弥生土器
1：深鉢　2・3：浅鉢　4・5：壺　6〜8：高杯　9：蓋

2 報告書に見る縄文末期と青木畑遺跡の土器

　青木畑第1グループの土器を弥生時代のものと特定するために報告書では，先に述べたように第1に，山王Ⅳ層式・山王Ⅲ層式[3]と胎土・色調の比較を行なっているが，今回は厳密な検討が不可能なので除外する。

　第2の，器形と文様では深鉢形土器・浅鉢形土器・高坏形土器・壺形土器について検討されている。深鉢形土器では，口縁直下が帯状に膨らむ形

態のものは山王Ⅳ層式・山王Ⅲ層式には見られない。その一方，頸部が外反するもので口唇に頂部二股突起があるものや，小波状のものは青木畑遺跡の土器や山王Ⅳ層式には存在するが，山王Ⅲ層式にはないことを指摘している。

浅鉢形土器では主に文様が検討された。山王Ⅳ層式で大型のＡ類にはπ字状の工字文（須藤隆の言う"匹字文"）[4]が多いが，青木畑遺跡では崩れている。やや小型のＣ類では，山王Ⅳ層式と異なる沈線で構成された変形工字文を特徴としている。ただし，採集品には須藤の言う山王Ⅳ上層式と類似した文様接合部に粘土粒貼付けも見られるが，出土層位などが明確でないためか分類の対象にはなっていない。

高坏では山王Ⅳ層式で主体となる彫去・土粒貼付け文のある工字文(a)は少ないとするが，24点中に5点あり一定量は存在する。それに対し，脚部の文様は平行沈線文と沈線による波状文が見られ，山王Ⅳ層式とは異なる。山王Ⅲ層式ではこの脚部文様が坏部までおよぶものや磨消縄文により文様が用いられるものもあり，山王Ⅳ層式とはさらに異なる（図2）。

壺形土器は少なく，報告書で表示された確実なものは5点のみで，そのうち口縁に沈線の廻る全体器形がわかるものは山王Ⅳ層式に類似するとされているが，山王Ⅳ層式には完形品が無いので不明な部分が多い。

なお，この報告書では青木畑遺跡以外に山王Ⅳ・Ⅲ層式に大型壺がないことも指摘されている。

このような検討結果から，青木畑遺跡の土器は山王Ⅳ層式とⅢ層式の間に位置する初期弥生式土器で，縄文時代晩期の大洞Ａ式から受けついだ要素も残すとされている。この位置付けはほぼ妥当ではあるが，山王Ⅳ層式を大洞Ａ式期とするのは報告書が作成された1980年代の一般的見解なので，その点についてはここで注意しておく。

まず，浅鉢であるが先に述べたように"山王Ⅳ層式では「π」字状の工字文が多く"，高坏についても"山王Ⅳ層式では浅鉢と同様に彫去・土粒貼付け文のある工字文が主体をなし"と記している。

これらは大洞Ａ'式に一般的なもので，高坏でも少量ではあるが見られるので，青木畑遺跡の土器は大洞Ａ'式と時期的に近いものと言える。したがって山王Ⅳ層式は大洞Ａ'式とすべきで，青木畑遺跡第1グループ土器は山王Ⅳ・Ⅲ層式の間に

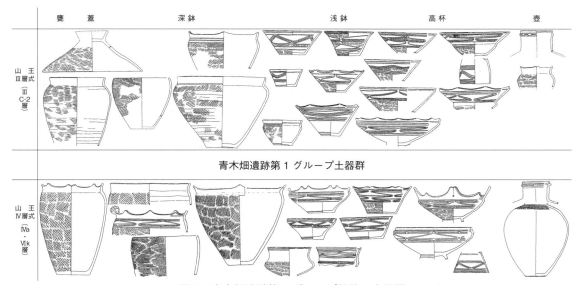

図2　青木畑遺跡第1グループ前後の土器群

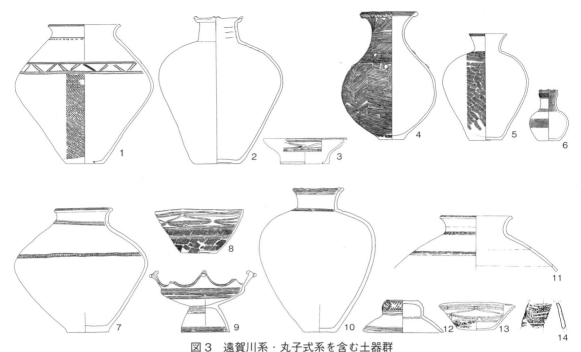

図3 遠賀川系・丸子式系を含む土器群
1~3：鳥内遺跡SK18出土　4~6：鳥内遺跡SK19出土　7~10：根古屋遺跡出土　11~14：生石2遺跡出土
1・7・11：遠賀川式系土器　4：丸子式系土器

位置するもので，大洞A'から受け継いだ要素を残すものと考えられる。

3　近年の青木畑遺跡出土土器に対する見解

須藤隆も山王Ⅳ層式・山王Ⅲ層式との比較の上で，青木畑遺跡の弥生土器群についての位置づけを行なっている[5]。

そこでは，山王Ⅳ層式を2段階，山王Ⅲ層式を3段階に分割し"青木畑式土器には変形工字文A2型の粘土粒貼付，匹字状の彫込みが施された前期1期と近似した装飾意匠が伴っており，この一括土器群は山王Ⅲ層式古段階と共通した特徴を持つと共に，より古い様相を抱えている"ものとしている。

したがって，ここで云うより古い様相とは粘土粒貼付，匹字状の彫込みが施された工字文のことで，報告書で云う高坏形土器に見られる"変形工字文(a)"[6]に相当することは確実である。

また，須藤は山王Ⅲ層式の"高坏脚部には整った波状文が盛んに施される"とする。しかし，これは山王Ⅲ層式には見られず，変形工字文(a)—須藤のA2型—が坏に付された青木畑遺跡A1類-a2で最初に見られるもので，様式的には青木畑遺跡第1グループが山王Ⅳ層式と山王Ⅲ層式の間に位置することを示していると考えてよいであろう。

したがって，青木畑遺跡の弥生土器は山王Ⅲ層式の古層を備えたものとするよりは，山王Ⅳ層式とⅢ層の間に位地する独立した1群とする方が理解し易いと考えられる。

4　青木畑遺跡と遠賀川系土器を含む
　　土器群の関係

東北南・中部では，福島県鳥内遺跡・根古屋遺跡・墓料遺跡・荒屋敷遺跡，日本海側の山形県生石2遺跡などで遠賀川系土器も出土している。

ずつ見られるが、青木畑遺跡で見られる口縁突起が高く伸びる高坏は見られない。

このように、鉢の文様では量的差はあるが変形工字文に粘土粒貼付があるものと無いものが見られる点は青木畑遺跡の土器と共通している。

また、阿武隈川中流域の根古屋遺跡[8]では青木畑遺跡AⅠ類の口縁突起が長く伸びる高坏（図3-9）と同時に遠賀川式系土器も出土している。この遠賀川式系土器は全面が磨かれた壺で、頸部や体部中位に、間に刺突文がある2本の平行線が引かれており、生石2遺跡のものと類似する。

以上のことから、青木畑・生石2・根古屋の3遺跡の土器は同じ時期である可能性が高い。

また、先に述べた青木畑遺跡の蓋は（図1-9）は弥生時代中期には見られるが、大洞A'式相当の山王Ⅳ層式には見られないので、青木畑遺跡の段階で出現するものと思われ、同類のものは生石2遺跡（図3-12）にも見られる。さらに、少量ながら両遺跡の資料に存在する充填縄文的文様（図1-4・図3-14）も山王Ⅳ式には見られないが、弥生中期には多く見られるので、山王Ⅳ式の直後は遠賀川式系土器の存在と併せ、この段階から弥生時代であることを示すものと考えられる。

5 青木畑遺跡出土土器と東北南部の土器群

これまでの結果から、青木畑遺跡第1グループ土器を東北中部の初期弥生土器としてきたが、その点について関東との関連でさらに詳しく検討ができる資料が存在する。それは阿武隈川中流域の福島県石川町鳥内遺跡Ⅳ E区SK18とSK19の土器[9]である（図3-1～6）。

SK18は径約2mの歪んだ土壙で、その北端を約2×1.2mのSK19南縁が切っている。それらは再葬墓と考えられる土壙で、両者共に大型壺を中心とした14点の土器が出土している。

SK18の土器は、在地系壺のほかは遠賀川系の壺2点と浅鉢1点である。遠賀川系土器（図3-1）は

図4 東北地方主要初期弥生遺跡

まず、青木畑遺跡のほぼ真西に位置する生石2遺跡[7]の土器との関連を見てみたい。生石2遺跡出土の土器は約鉢90点、高坏30点、甕300点、壺100点、蓋30点の約550点からなる。

鉢では、須藤が山王Ⅳ層式に近い古相とする変形工字文に粘土粒貼付があるもの26点がある。

壺は97点あり、器形・文様から遠賀川系と考えられるものは40点見られる。蓋は32点あるが裾が「ハ」形に開き上面が平らになる弥生中期で見られる蓋・擦り消し縄文のある高坏の脚が1点

体部中位以下に縄文が施され，その上には遠賀川系特有の細い重線で描かれた文様が見られる。また，浅鉢は山王Ⅳ層式に器形が類似する逆「ハ」形に開く体部上半が内湾し，表面が磨かれたもので，工字文には土粒貼付がなく，かなり崩れている。

一方，このSK18を切るSK19出土土器は在地系土器のほかに，砂分が多く胎土がザラついた体部が丸い器形で，ハイガイによる調整痕が全体に見られる丸子式系の壺（図3-4）2点とその変形3点が伴う。この丸子式系の土器は，北関東では群馬県岩櫃山遺跡[10]・茨城県女方遺跡[11]，福島県では南会津郡只見町七十刈遺跡[12]などで見られ，弥生中期初頭に位置づけられ，七十刈遺跡のものは籾痕が見られる。

このような，弥生中期初頭の土器群を出土するSK19が遠賀川式系土器を出土するSK18を切る在り方は，南東北における弥生時代前期から中期への移行を示す典型的な在り方を示している。

その一方，この資料で問題なのはSK18出土の遠賀川式系壺に縄文が施紋されている点である。先に述べた生石2遺跡出土の40例の遠賀川系土器に縄文が施文されたものは見られない。すなわち，遠賀川系土器でも遺跡・土器群により縄文を有するものと無いものが存在するのである。

鳥内遺跡SK18のような在り方は遠賀川系土器が伝播し，それが東北で模倣される段階で縄文が取り込まれたか，伝播途中で縄文が取り込まれたものが持ち込まれたことが考えられる。この場合は，共伴する鉢の工字文が生石2遺跡のものと較べ変形しているので前者である可能性が高い。

ただし，阿武隈川中流域は土粒貼付や交点に彫去のある変形工字文が少ないのでやや問題は残る。

以上のことを纏めると次のようになる。

山王Ⅳ層式新段階までが縄文時代で，青木畑遺跡・生石2遺跡・根古屋遺跡の一部から鳥内遺跡SK18までが弥生時代前期，鳥内遺跡SK19からが弥生時代中期となる（表1）。

表1　青木畑遺跡第1グループ土器関連編年表

山王Ⅳ層式	青木畑遺跡 生石2遺跡 根古屋遺跡	山王Ⅲ層式 鳥内遺跡SK18	鳥内遺跡SK19
縄文晩期	弥生前期（1）	弥生前期（2）	弥生中期

＊ここで云う弥生前期（1）・弥生前期（2）は必ずしも西日本の弥生前期前半・弥生前期後半に相当するものではない。

6　土器組成からみた地域性の問題

青木畑遺跡出土土器群について報告書から土器セットを見ると，最大の特色は全土器204点中，壺が5点（2.5％）と少ない。直径約30cm以上の大型品は1点（0.5％）とさらに少ない。

しかし青木畑遺跡と同時期で阿武隈川流域の根古屋遺跡では土器138点中，壺74点（53.6％），大型壺50点（36.2％）と壺が多い[13]。ただし，青木畑遺跡が生活残滓の包含層であるのに対し，根古屋遺跡は再葬墓という性格差も考えられる。

そこで，同じ阿武隈川流域の包含層遺跡で時期的に近い鑪沼遺跡[14]の土器を見ると，全150点中，壺が11点（7.3％），大型壺は5点（3.3％）と根古屋遺跡程ではないが青木畑遺跡の3倍近くと多い。これは青木畑遺跡の所在する地域と南東北とでは土器組成に差があること示すものであろう。

次に，同じ東北中部でも日本海側の生石2遺跡を見ると，ここは資料数が多く弥生土器は558点提示されている。器形で一番多いのは甕306点（54.8％），次が壺97点（17.4％）で大型壺は22点（3.9％）で壺は鑪沼遺跡よりさらに多い。そして大型壺22点すべてが遠賀川系であることも特色である。また，中・小型壺の破片も併せると遠賀川系土器のみで約40点（7％）とほかに類例は少ない。

生石2遺跡以上の割合で遠賀川系土器が出土した例としては，秋田市地蔵田B遺跡[15]がある。ここでは1基の住居跡と25基の土器棺墓群が検出された。棺として用いられた土器34点中14点が遠賀川系の大型壺で，土器棺全体のうち41.2％となっている。資料数は少ないが，同じく墓所か

ら遠賀川系土器が出土する南東北の例に較べ，その割合はかなり多く差は明瞭である。

7 まとめ

これまで検討してきた結果からすると，青木畑遺跡第1グループ土器群は東北地方最古の弥生土器の1つで，大洞A'式相当の山王Ⅳ層式に後続し，山王Ⅲ層式に先行するものである。

この青木畑遺跡の土器群は鉢などの工字文・一部の蓋などの在り方から日本海側の生石2遺跡と同時期のものと考えられる。また生石2遺跡では遠賀川系土器を伴っており，それは根古屋遺跡のものと共に東北出土の遠賀川系土器では古段階のもので，これら土器群が東北最古の弥生土器であることの傍証ともなる。このような遠賀川系土器は東北地方の初期弥生土器の時期などの重要な基準ではあるが，全地域で見られるものではない。

太平洋側の南部阿武隈川流域から仙台平野の名取市の地域まで[16]の出土遺跡では数点が伴う。しかし，その先の仙台平野から青木畑遺跡や山王囲遺跡が存在する宮城県北部の迫川流域から岩手県南部では遠賀川系土器を出土する遺跡は極めて少ない。一方，日本海側では遺跡数は少ないが1遺跡で数十点出土する例が確認されている。

この問題を検討するために東北南部の縄文晩期後半の様相をみると，福島県会津地域の荒屋敷遺跡[17]や阿武隈川中流域の一斗内遺跡[18]では大洞A～A'式の段階では文様の大部分が三叉状文で，それに網目状撚糸文を有する深鉢が伴うなど北関東の千網式の強い影響が見られる。これは仙台平野以北とは様相が異なり，東北中部以北と南東北の差が目立ち，遠賀川系土器分布の在り方とも異なっている。

遠賀川系土器を多く伴う遺跡は日本海側の山形・秋田県域で見られるが，それに伴う亀ヶ岡系土器は太平洋側の宮城県北部・岩手県南部域のものと類似する。しかし，太平洋側では遠賀川系土器の分布は希薄である。ただし，この北の岩手県北部・青森県はまた異なるので，それは先行文化の差のみではなく，伝播経路の差も関連しているのかも知れない。

註

1) 加藤道夫「青木畑遺跡」『宮城県文化財調査報告書』85，宮城県教育委員会，1982
2) 伊東信雄「古代史」『宮城県史』1，1957
鳥畑寿夫「岩手県西磐井郡谷起島遺跡出土土器について」『上代文化』25，1955
3) 伊東信雄・須藤 隆『山王囲遺跡調査図録』宮城県一迫町教育委員会，1985
4) 須藤 隆『東日本縄文・弥生時代集落の発展と地域性』東北大学大学院文学研究科，2007
5) 前掲註4に同じ
6) 前掲註1に同じ
7) 安部 実・伊藤邦弘『生石2遺跡発掘調査報告書』3，山形県教育委員会，1989
8) 大竹憲司ほか『根古屋遺跡の研究』根古屋遺跡調査団，1987
9) 梅宮 茂ほか『福島県指定史跡鳥内遺跡』石川町教育委員会，1998
10) 杉原壮介「群馬県岩櫃山遺跡における弥生時代の墓跡」『考古学集刊』3-4，1967
11) 田中国男『弥生式・縄文式接触文化の研究』大塚巧芸社，1944
12) 1974（昭和49）年発見，福島県立博物館蔵
13) 前掲註8に同じ
14) 志間泰治『鱸沼遺跡』東北電力株式会社宮城支店，1971
15) 菅原俊行『地蔵田遺跡』B，秋田市教育委員会，1971
16) 佐原 真・須藤 隆「9 補稿」『弥生文化の研究』4，雄山閣，1987
17) 中村五郎「荒屋敷遺跡」Ⅱ『三島町文化財報』10，三島町教育委員会，1990
18) 山内幹夫・大河峯夫ほか『母畑地区遺跡発掘調査報告16 一斗内遺跡』福島県教育委員会，1984

大洞 A' 式と砂沢式土器

木村　高

1　はじめに
　—大洞 A' 式と砂沢式の時間的関係—

　砂沢式土器は，北限の水田遺構[1]で知られる砂沢遺跡（青森県弘前市大字三和）の資料に基づき，芹沢長介により設定された[2・3・4]。その先行型式とされる大洞 A' 式土器は，大洞貝塚（岩手県大船渡市赤崎町大洞）の資料に基づき，山内清男により設定された[5・6]。大洞 A' 式は縄文時代晩期のいわゆる「亀ヶ岡式土器」の最終型式であり，砂沢式は現在，東北北部における"最初の弥生土器[7]"と理解されている。両型式とも変形工字文を特徴とし，巨視的にはよく類似している。

　設定当初の砂沢式は，「砂沢式土器（大洞 A' 式並行）」[8]，「大洞 A' 式（岩手）であり，…（中略）…砂沢式（青森）である」[9]のように，大洞 A' 式の地方型式とされていた（以下，並行説）。しかし1970（昭和45）年以降，大洞 A' 式に後続させる見解（以下，後続説）や，大洞 A' 式の新段階に並行させる見解（以下，新段階並行説）が提出されるようになった。現在は後続説が多数，新段階並行説が少数，並行説は今や自然淘汰された状況にある。近年，後続説で決着したかのような記述を散見するが，新段階並行説も十分な説得力を有し，両説に収束の気配はみられない。この原因は，いったい何処にあるのだろうか。本稿では，東北北部における大洞 A' 式と砂沢式の今日的理解を整理し，両型式の今後のあり方について考察する。

2　大洞 A' 式と砂沢式の区分指標

　型式設定から1964年までに提出された，大洞 A' 式と砂沢式に関する主な視覚情報を確認する。

　大洞 A' 式については，「模型図」（図1）[10]と4点の実測図と6点の写真のみ，砂沢式に

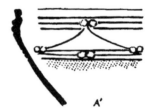

図1　大洞 A' 式の「模型図」
（註5文献より。図4-2参照）

表1　大洞A'式と砂沢式の設定から1964年までに提出された主な視覚情報（型式名を用いていない文献を除く）

発表年	著者	型式	情報	註
1930	山内清男	大洞A'式	「模型図」2点が示された。実測図や写真などの提示は無し。（大洞A'式に関する文字解説は多くない。）	5)
1956	芹沢長介	砂沢式	「砂沢式土器（大洞A'式並行）」「大洞A'式土器と並行する砂沢式」として，2点の写真が示された。	2)
1958	芹沢長介	砂沢式	6点の実測図と4点の写真（うち2点は56年の再掲）が示された。（大洞A'式との相違点に関する記載は，胴下半部の縄文の有無についてのみ）。	3)
1960	芹沢長介	大洞A'式 砂沢式	「第V期（大洞A'式期・砂沢期）」，「大洞A'式（岩手）…砂沢式（青森）」として，4点の大洞A'式の実測図と6点の砂沢式の実測図（うち5点は58年の再掲）が示された。（大洞A'式との相違に関する追加記載は無し。）	4)
1964	山内清男	大洞A'式 続縄文式	30年提示の「模型図」2点のうち1点が除外された。「縄文式土器・総論 V文様帯系統論」の中で，58年に芹沢が「砂沢式」とした4点の写真のうち，3点を「大洞A'式」に，1点を「続縄文式」とした。大洞A'式とされた写真はほか3点を加え，合計6点を数える。	6)
1964	磯崎正彦	大洞A'式	p.187の「239 台付鉢 大洞C2式」の解説中で，写真3点を「大洞A'式」とした（上記6点のうち3点）。	
1964	江坂輝彌	砂沢式	「図版解説」の中で，58年に芹沢が「砂沢式」として示した写真4点全てを砂沢式とした。ほか，「参考図版」の写真154も「砂沢式」とした。	

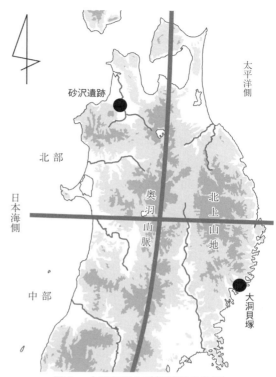

図2 『日本原始美術1』掲載の編年
（註6文献より転載・改変）

図3 大洞貝塚と砂沢遺跡の位置

については，7点の実測図と5点の写真のみであった（表1）。少数の視覚情報に基づく型式設定とその後の資料追加のあり方は，当時としては特段問題ではないが，現在における両型式の重要性からすれば，情報が少なすぎる。また，情報の少なさも然る事ながら，注意すべきは，芹沢が数回にわたって「砂沢式」とした個体を，山内と磯崎は，『日本原始美術1』の中で大洞A'式とみなした点である[11]。同書の編年表[12]には，大洞A'式に並行する「（砂沢）」の文字が組み込まれているものの，それはあくまでも括弧付である（図2）。

このように，両型式の区分はこの時点で既に混沌としていたことがわかる。結局，山内は1964年段階でも「大洞A'式」の型式内容に関する追記は行なわず，芹沢は，大洞A'式との相違点について1960年以降，ほとんど記さなかった。こうした経緯から，両型式の区分指標については，各地域の研究者による独自の分析・理解に委ねられるようになっていった。しかもそれは，"空間差"の問題が十分には考慮されないまま進められた。

3 大洞諸型式における"空間差"の問題

「大洞A'式（岩手）…（中略）…砂沢式（青森）」と芹沢が述べたとおり，砂沢式は本来，空間差を意識して設定された。その背景に遺跡間の距離と型式間の相違があったことは言うまでもないが，東北地方を「陸前」（岩手県南東部〜宮城県北部）と「陸奥」（青森県および岩手県二戸郡）に分け，「陸前」に大洞諸型式を該当させ，「陸奥」に仮型式として「亀ヶ岡式（＋）」を充てていた山内の1937年の編年[13]が影響した可能性も考えられる。なお，山内は1964年の編年においても，「東北南部」に大洞諸型式を，「東北北部」に仮型式として「亀ヶ岡（＋）」を再び充てている[14]（図2）。

大洞A'式は東北中部太平洋側の大洞貝塚資料が標式。砂沢式は東北北部日本海側の砂沢遺跡資料が標式であり，大洞と砂沢の遺跡間距離は直線で210km以上あり，奥羽山脈や北上山地，ほか数々の高峰は，両遺跡をより引き離している（図3）。こうした地理的環境と学史的背景を踏まえれば，両型式の関係追究は，空間差を考慮した区分指標の明確化から始められるべきだったが，須藤隆による「砂沢式は…（中略）…一般的には大洞

A'式に後続し，」という記述[15]以降，砂沢式は大洞A'式に後続するものと見なされるようになり，両型式の関係追究は，空間差よりも，時間差に偏るようになっていった。

4 「型式観の不一致」と「型式名の一致」

両型式の時間的関係の追究には，山内の「模型図」酷似の大洞A'式と，芹沢が示した「砂沢式」の酷似資料が狭い空間内に安定的に存在する状況が求められる。しかし，「模型図」酷似の大洞A'式は，砂沢遺跡のある北部日本海側（青森県域西部）では希少，一方，「砂沢式」酷似資料は，中部太平洋側（岩手県域南東部）では希少，つまり，砂沢式設定時における芹沢の捉え方を裏付けるかのように，両標式資料の酷似資料は，濃い重複分布を示さない。この状況より，両型式の時間的関係は，各地域における類似資料を組み合わせるかたちで追究された。結果，北部太平洋側（青森県域南東部）では，大洞A'式を新古に細分，その新段階を砂沢式並行とした（新段階並行説）[16・17・18]が，北部日本海側（青森県域西部）では，北部太平洋側で大洞A'式古段階（それ以前も含め）とされるような資料を大洞A'式そのものと捉え，これに砂沢式を後続させた（後続説）[19・20]。つまり，北部太平洋側の大洞A'式古段階は，北部日本海側では概ね大洞A'式，北部太平洋側の大洞A'式新段階は，北部日本海側では概ね砂沢式と理解されるようになったのである[21]。

以上より，太平洋側資料に注目する研究者と日本海側資料に注目する研究者との間には，"型式観の空間差"とでも言うべき，型式把握の東西差が形成されたことがわかる。

"広域に用いられる型式名"の下で形成された型式観の差異は，東北北部という空間区分の中ではとくに問題にされなかった。後続説と新段階並行説は，研究者間に存在する「型式観の不一致」と「型式名の一致」から生じたものと言える。

5 標式資料から基準資料へ

上記問題の打開策を探るべく，大洞貝塚A'地点資料に着眼する（図4）。これら8点は，設定から58年後，中村五郎によって報告され[22]，以後，多くの研究者により様々に解釈されてきた。

分類学などで用いられる「タイプ」の概念を参考にすれば，これら8点は広義のタイプ標本と同様の価値を有し，山内の「模型図」（図1）のモデルであったと大方が見なす図4-2の鉢は，ホロタイプに近い存在と言える。また，ほかの7点は，2以外の要素を含むパラタイプのような存在と言え，山内の1930年論文はこれらの「原記載」に相当しよう。よって，山内による大洞A'式の設定に関わったと考えられるこれら8点をタイプ標本のように扱い，すべてを「大洞A'式」に比定すべきと考える[23]。そして，議論を円滑に進められるよう，器種分類として台付系（高坏・台付浅鉢）に1，鉢系（鉢・浅鉢）に2の数字を付し，属性の組合せの違いによる（時間的階梯を意識しない）アルファベットをそれに続け，図4-1に大洞A'式1a，2に大洞A'式2a，3に大洞A'式1b，5に大洞A'式2b，6に大洞A'式1c（図4中括弧内参照）のように固有記号を与え，基準資料としての大洞A'式（以下，狭義大洞A'式）に5

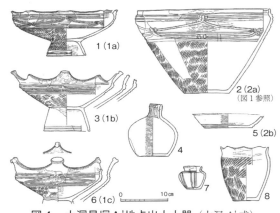

図4　大洞貝塚A'地点出土土器（大洞A'式）
（註18文献より転載）

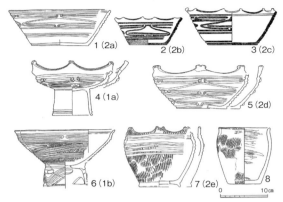

図5 芹沢が提示した砂沢遺跡出土土器（砂沢式）
（2・3は，註4文献より転載。1・4〜8は，石川日出志編 2005『関東・東北弥生土器と北海道続縄文土器の広域編年』明治大学文学部考古学研究室 より転載）

細別を設ける方向を提案する。

また，芹沢が提示した8点の「砂沢式」（図5）もタイプ標本（シンタイプ）のように扱い，図5-1〜7に上記同様の数字とアルファベット（図5中括弧内）を付して，砂沢式1a〜砂沢式2eと固有記号を与え，基準資料としての砂沢式（以下，狭義砂沢式）には7細別を設ける方向を提案する。

狭義大洞A'式の5細別と狭義砂沢式の7細別，これら12個体を見る限り，狭義両型式の各々には，3〜4段階程度の時間的階梯が推定され，それら諸段階のうち，一部の段階は時間的に並行している可能性がうかがわれる（大洞A'式2aと1cは，砂沢式2bと2cに概ね並行か）。しかしこの予察は，これまでに蓄積された大洞A'式や砂沢式とされた資料（広義大洞A'式・広義砂沢式）との比較によって検証されなければならない[24]。よって，まず行なわれるべきは，狭義両型式の分析（型式内における変異幅の明瞭化・型式間にみられる相違点の抽出など）である。そして次に，この分析結果を用いて広義両型式との比較研究が行なわれるべきである[25]。

6 おわりに

標式遺跡から遠ざかるにつれ，基準資料との差が拡がるのは当然である。よって，基準資料との比較を欠いた型式比定は，最終的に「型式観の不一致」へと向かう。

大洞A'式に砂沢式は後続，大洞A'式新段階に砂沢式は並行といった，これら後続説と新段階並行説は，「型式観の不一致」と「型式名の一致」を要因とする。俯瞰的には大同小異と言えなくもないが，東北北部における弥生移行期の諸相（とくに，水田稲作に関する知識や技術，いわゆる遠賀川系土器[26]など，新来要素の伝播時期や展開過程）を考察する前段階として，型式観の一致した時間軸の整備は重要課題であり，その議論を円滑に進めるためには，基準資料の固定が前提となる。

本稿では，大洞A'式と砂沢式の標式資料を基準資料として，タイプ標本のように固定し，両型式の中に複数の細別を設ける方向を提案した。

"広域に用いられる型式名[27]"に固執せず，1期・2期のような表記による時間軸を，狭い空間区分ごとに（粗製土器を含む一括資料で）構築し，それから横方向（地域ごと）のつながりへと発展させることこそあるべき方向だろうと考える。しかしその準備作業として，ここで行なったような既存型式の今日的理解の整理と，今後のあり方についての考察は不可避である。

註

1) 矢島敬之ほか『砂沢遺跡発掘調査報告書』弘前市教育委員会，1991
2) 芹沢長介「縄文式土器」『図説 日本文化史大系 第1巻 縄文・弥生・古墳時代』小学館，1956
3) 芹沢長介「縄文土器」『世界陶磁全集 第1巻 日本古代篇』河出書房，1958
4) 芹沢長介『石器時代の日本』築地書館，1960
5) 山内清男「所謂亀ヶ岡式土器の分布と縄文式土器の終末」『考古学』1—3，1930
6) 山内清男編『日本原始美術1 縄文式土器』講談社，1964
7) 概ね畿内第I様式新段階頃と考えられており，東北北部で時折用いられる「弥生時代初頭」的な表現は，遠隔地の研究者に誤解を与えかねない。

8) 前掲註2に同じ
9) 前掲註4に同じ
10) 山内は，前掲註5文献に2点の「模型図」を示したが，前掲註6文献では1点を除外している。
11) 前掲註6に同じ
12) 山内清男の助言を得て，磯崎正彦が作成。
13) 山内清男「縄紋土器型式の細別と大別」『先史考古学』1—1，1937
14) 前掲註6に同じ
15) 須藤 隆「青森県大畑町二枚橋遺跡出土の土器・石器について」『考古学雑誌』56—2，1970
16) 工藤竹久「東北北部における亀ヶ岡式土器の終末」『考古学雑誌』72—4，1987
17) 金子昭彦は，「大洞A'式新段階（砂沢式古段階）」と表現している。金子昭彦「大洞A'式から青木畑式へ」『縄文時代』18，2007
18) 大坂拓は，「標式資料を重視した場合には，砂沢式の古段階に中部の大洞A'式の新しい部分が並行することになってしまう」と述べている。大坂 拓「本州島東北部における初期弥生土器の成立過程」『江豚沢Ⅰ』2012
19) 弘前大学教育学部考古学研究室「牧野Ⅱ遺跡出土遺物について」『弘前大学考古学研究』1，1981
20) 松本建速「大洞A'式土器を作った人々と砂沢式土器を作った人々」『北方の考古学』1998
松本と同様に理解する研究者は少なくない。
21) 金子は前掲註17文献でほぼ同様のことを述べている。
22) 中村五郎『弥生文化の曙光』未來社，1988
23) 図4-1を大洞A2式とみる見解も提出されている。
24) 山内が前掲註6文献において「続縄文」とした図5-6の砂沢式1bは，後続型式と多くが認識する二枚橋式（弥生時代中期前葉頃）によく類似している。品川欣也は，「砂沢式第三期…（中略）…二枚橋式に相当する」と述べており，筆者もこの見方の一部に賛同したいが，二枚橋式の「型式観」にもまた個人差がみられることから，ここにも「後続説」と「新段階並行説」の2説が生じかねない。これを回避するためには，二枚橋式の標式資料もタイプ標本のように固定する必要がある。
品川欣也「砂沢式土器の生成過程」『弥生時代における砂沢式土器の諸問題』2008
25) 筆者はかつて，砂沢遺跡出土の変形工字文土器64個体の文様属性を13項目で比較し，24の傾向性と3つの大きな区分を見い出すことができた。
木村 高「砂沢式土器の属性—砂沢遺跡出土変形工字文土器の属性分析—」『弥生時代における砂沢式土器の諸問題』2008
26) 遠賀川系土器が大洞A'式に伴うなどの見解もみられるが，これが現状における北部太平洋側の大洞A'式新段階ならば，北部日本海側の砂沢式期に相当している可能性もある。細分型式名を用いない場合，示す時間は漠然としたものにしかならず，議論も進め難い。
27) 同一型式名の広域使用は，「型式観の不一致」を助長する可能性がある。とくに，狭い空間を対象とした編年研究にとっては，あまり有効とは言えない。

編著者略歴

鈴木　克彦（すずき　かつひこ）
弘前学院大学　考古学ジャーナリスト
1948 年生まれ。國學院大學大学院文学研究科考古学専攻博士課程途中退学。
主な著作論文に,『遮光器土偶の集成研究』（2015　弘前学院出版会）などがある。

執筆者紹介 （執筆順）

柳瀬　由佳（やなせ　ゆか）
北海道埋蔵文化財センター

澤田　恭平（さわだ　きょうへい）
釧路市埋蔵文化財調査センター

相原　淳一（あいはら　じゅんいち）
東北歴史博物館

藤尾　慎一郎（ふじお　しんいちろう）
国立歴史民俗博物館　教授

土肥　研晶（どひ　けんしょう）
北海道埋蔵文化財センター

佐藤　嘉広（さとう　よしひろ）
岩手県文化スポーツ部

小林　圭一（こばやし　けいいち）
山形県埋蔵文化財センター

齋藤　瑞穂（さいとう　みずほ）
新潟大学助教

木本　元治（きもと　もとじ）
日本考古学協会員

鈴木　加津子（すずき　かつこ）
日本考古学協会員

武藤　康弘（むとう　やすひろ）
奈良女子大学教授

木村　高（きむら　たかし）
青森県埋蔵文化財調査センター

荒川　隆史（あらかわ　たかし）
新潟県埋蔵文化財調査事業団

岡本　洋（おかもと　よう）
青森県郷土館

季刊考古学・別冊 25
「亀ヶ岡文化」論の再構築

定　　　価	2,600 円＋税
発　　　行	2018 年 3 月 24 日
編　　者	鈴木克彦
発 行 者	宮田哲男
発 行 所	株式会社 雄山閣
	〒102-0071　東京都千代田区富士見 2-6-9
	TEL 03-3262-3231　FAX 03-3262-6938
	振 替　00130-5-1685
	URL　http://www.yuzankaku.co.jp
	e-mail　info@yuzankaku.co.jp
印刷・製本	ティーケー出版印刷

ⓒ Katsuhiko Suzuki 2018　Printed in Japan
ISBN978-4-639-02560-3　C0321

N.D.C. 205　120p　26cm

雄山閣出版案内

世界遺産パルミラ 破壊の現場から
―シリア紛争と文化遺産―

A5判 202頁
本体2,200円

西藤清秀・安倍雅史・間舎裕生 編

IS（自称「イスラム国」）に破壊された後、初めて露わになったパルミラの惨状。
わたしたちにできることは何か。
生々しい破壊の現場に向き合い、復興への道すじを模索する。

■ 主 な 内 容 ■

まえがき　西藤清秀・安倍雅史・間舎裕生
東京シンポジウム
　開会挨拶：亀井伸雄　趣旨説明：友田正彦
奈良シンポジウム
　開会挨拶：西村 康　趣旨説明：森本 晋
第1章　パルミラ遺跡破壊後の現状
　1　パルミラ・レスキュー事業
　　　　　　　　　　ロバート・ズコウスキー
　2　パルミラ博物館所蔵の石彫を対象とした
　　　緊急保存修復…バルトシュ・マルコヴスキー
　3　最新技術を用いてシリア紛争下の
　　　文化遺産を護る―シリア古物博物館総局・
　　　イコネムによるパルミラ・ドキュメンテーション事業―　ホマーム・サード
第2章　シリアの文化遺産と日本の調査団
　1　世界史のなかのシリア………………間舎裕生
　2　日本によるシリア調査の歴史………常木　晃
第3章　紛争下の文化遺産の現状と保護に
　　　　向けた取り組み
　1　シリア紛争下における文化遺産の被災状況
　　　　　　　　　　　　　　　　……安倍雅史
　2　シリアにおける文化遺産の保護
　　　―現状と課題―………………………山藤正敏
　3　パルミラ遺跡の調査から紛争終結後の
　　　取り組みを考える……………………西藤清秀
　4　ユネスコによる紛争下における文化遺産の
　　　保護活動……………………ナーダ・アル＝ハッサン
第4章　パネル・ディスカッション
　　　　シリアの文化遺産の保護と復興に向けて
　　　第1部　東京シンポジウム
　　　第2部　奈良シンポジウム
あとがき　西藤清秀・安倍雅史・間舎裕生

山陰地方における縄文文化の研究

B5判　320頁
本体12,000円

柳浦俊一 著

山陰地方の縄文時代像を構築！
山陰地方の縄文土器の編年、自然環境と集落・生業、「第二の道具」などの信仰と習俗・精神性を、研究史を踏まえ多角的かつ緻密に解明する。附編として山陰地方出土の人骨の炭素・窒素同位体比分析、骨角製装飾に関する論考を収録。

■ 主 な 内 容 ■

序………泉 拓良
序　章　本書の目的と山陰地方における縄文研究の意義
　第1節　本書の目的と山陰地方における縄文研究の課題
　第2節　本論の概要
第1章　山陰地方の縄文研究史概略
　第1節　縄文土器の編年研究
　第2節　集落論
　第3節　生業論
　第4節　「第二の道具」論
　第5節　山陰地方の縄文時代研究史余説
　第6節　展　望
第2章　山陰地方の縄文土器
　第1節　山陰地方における縄文前期土器の地域編年
　第2節　山陰地方縄文前期・西川津式の展開
　第3節　山陰地方の里木Ⅱ・Ⅲ式と中期末の土器
　第4節　山陰地方における縄文後期土器の概要
　第5節　山陰中部域における後期・中津式土器の地域性
　第6節　山陰地方における福田K2式並行の土器群
第3章　山陰地方の縄文集落と生業
　第1節　中四国地方の生業概観
　第2節　山陰地方における縄文時代後・晩期の集落景観
　第3節　中国地方の自然環境と縄文時代の生業
　第4節　山陰地方を中心とした縄文時代の食糧資源と獲得方法
　第5節　西日本縄文時代貯蔵穴の基礎的研究
第4章　山陰地方の信仰・習俗
　第1節　西日本の「第二の道具」
　第2節　呪術具の素材からみた縄文時代の価値観
　第3節　山陰地方の岩版類
　第4節　山陰地方における祭儀の痕跡
終　章　山陰地方の領域形成と縄文文化
　第1節　土器型式圏の変遷と領域の形成
　第2節　生業に関する地域的差異
　第3節　山陰地方と瀬戸内地方の「第二の道具」
　第4節　総　括
附編Ⅰ　島根県・小浜洞穴遺跡出土の抜歯人骨と炭素・窒素同位体比分析
附編Ⅱ　山陰地方出土の骨角製装飾